ÚLTIMOS

Equipe de realização

Direção: **J. Guinsburg**
Edição de texto: **Lilian Miyoko Kumai**
Edição de partituras: **Wellington Diniz**
Revisão de provas: **Iracema A. de Oliveira**
Capa, ilustrações e projeto gráfico: **Sergio Kon**
Produção: **Ricardo Neves, Sergio Kon** e **Raquel Fernandes Abranches**

ÚLTIMOS

COMÉDIA MUSICAL EM DOIS ATOS

texto e canções
FERNANDO MARQUES

colaboração no argumento
ANDRÉ AMARO

prefácio
ILKA MARINHO ZANOTTO

ilustrações
SERGIO KON

PERSPECTIVA

Dados Internacionais de Catalogação na Publicação (CIP)
(Câmara Brasileira do Livro, SP, Brasil)

Marques, Fernando
Últimos: comédia musical em dois atos / texto e canções
Fernando Marques; colaboração no argumento André Amaro;
prefácio Ilka Marinho Zanotto ; ilustrações Sergio Kon. -- São
Paulo : Perspectiva, 2008. Inclui CD.

Inclui CD
Bibliografia.
ISBN 978-85-273-0806-9

1. Peças teatrais   2. Teatro brasileiro   3. Teatro brasileiro
(Comédia)   I. Amaro, André.   II. Zanotto, Ilka Marinho.
III. Kon, Sergio.   IV. Título.

08-02396   CDD-869.92

Índices para catálogo sistemático:

1. Comédia musical : Peças teatrais : Literatura
brasileira 869.92

Direitos reservados à
EDITORA PERSPECTIVA S.A.
Av. Brigadeiro Luís Antônio, 3025
01401-000 São Paulo SP Brasil
Telefax: (11) 3885-8388
www.editoraperspectiva.com.br

2008

SUMÁRIO

11   **O Bom Combate** [Ilka Marinho Zanotto]
21   **Antes do Samba**

ÚLTIMOS
27   **Últimos:** A peça
99   **Canções**: Partituras

ANEXOS
133   **A Palavra no Palco**: Por que usar o verso em cena
139   **CD Últimos:** Créditos

À lembrança de meus pais, Fernando e Lygia

A meus filhos, Camila, Luísa e Miguel

O BOM COMBATE

ILKA MARINHO ZANOTTO
[crítica de teatro e ensaísta]

Na introdução da tese de doutorado "'Com os Séculos nos Olhos': teatro musical e expressão política no Brasil, 1964–1979", Fernando Marques já demonstra tal cabedal de leituras, referências ancoradas em vasta pesquisa bibliográfica e em entrevistas pessoais, aventando hipóteses e conclusões tão sábias, que, ao prefaciador eventual de *Últimos*, peça/ espelho das teorias por ele desenvolvidas, resta pouco a acrescentar. Talvez sugerir que à publicação da peça seja anexada a dita introdução que já diz tudo.

Mas tentemos dialogar com o texto, cuja oportunidade é hoje, cuja feitura beira o surpreendente, cujo linguajar é poesia, cujo apelo ecoa outros que através dos séculos conferiram sentido ao humano ser humano.

Antes de mergulhar nos diálogos enxutos que em pouco dizem muito, relato uma experiência que tem a ver com o espírito da obra de FM, quando, na sua intrincada relação com a música, amplia as portas de nossa percepção, fazendo vibrar cordas entorpecidas de solidariedade, de exigência de justiça, de negação do que é e de anseio pelo que deve ser.

Subamos a Mantiqueira a cavaleiro entre São Paulo e Rio, o Paraíba velho de guerra espraiando-se pelo vale. Em Campos do Jordão, novembro de 2007, são três dias chuvosos que acolhem o XXI Moitará — reunião anual da Sociedade Brasileira de Psicologia Analítica, envolvendo psicanalistas junguianos de todo o país. Coube-me, por ausência

12 Últimos

justificada de Vanya Sant'Anna, viúva de Gianfrancesco Guarnieri, falar sobre "teatro político", além do tema a mim designado, "teatro da palavra e da encenação".

De início, questionou-se na platéia a atualidade dos textos que nos plúmbeos anos 60 e 70 povoaram os palcos insurretos do Arena, do Oficina, do Opinião e de tantos outros tablados Brasil afora, imbuídos da missão de contestar o regime vigente, tendo como ideário estético-político o serem nacionais e populares (não nos esqueçamos do pioneiro Hermilo Borba Filho, que já em 1946 fazia de seu Teatro do Estudante de Pernambuco um eco à Barraca lorquiana, adentrando o Nordeste para "plantar no meio do povo a semente do bom teatro").

Minha resposta consistiu em incumbir Marco Antônio Pâmio de ler o depoimento do diretor Silnei Siqueira sobre a extraordinária aventura que foi a montagem de *Morte e Vida Severina*[1] pelos universitários do Teatro da Universidade Católica (TUCA), em 1965. No ano seguinte, o espetáculo recebeu, no Festival de Teatro de Nancy, na França, ovação de 12 minutos e trouxe para o Brasil o principal prêmio, com João Cabral de Melo Neto, no final, aos prantos, sentado no chão do teatro.

O poeta renegara até então a junção da música de Chico Buarque ao seu poema; diplomata, morando no exterior, ainda não a conhecia. Daí em diante, declarou, não poderia conceber seu texto dissociado da partitura de Chico.

Finda a leitura, passou-se imediatamente ao vídeo do espetáculo com as cenas que galvanizaram platéias daqui e d'além mar; os versos secos, rimados e ritmados de João Cabral, na boca dos Severinos retirantes, passavam da fala ao canto sempre que a narrativa assim o exigia, à semelhança das tragédias gregas que reservavam às estrofes cantadas

---

1 João Cabral de Melo Neto. *Morte e Vida Severina e Outros Poemas para Vozes*. Rio de Janeiro: Nova Fronteira, 2000.

a expressão de emoções tão intensas ou dolorosas que as palavras, somente, não poderiam expressar.

A platéia do Moitará empolgou-se e passaram muitos a cantar em uníssono com os atores projetados no telão, que viviam momentos candentes da saga cabralina.

O espírito da época foi recuperado mesmo por aqueles que não participaram dos idos de março. A emoção partilhada, referendada pelo estrugir das palmas, atestou a pertinência e a capacidade de mobilização de obra realizada há mais de 40 anos. A explicação para esse poder de mobilização reside, a meu ver, na aposta estética de Silnei Siqueira ao reunir em *Morte e Vida* a força da palavra à imantação da música, além, evidentemente, do profundo sentido humanista.

É também nesse trinômio que FM aposta suas fichas, bem ancorado nas experiências prévias não somente de Brecht e Kurt Weill, na Alemanha da República de Weimar, mas sobretudo nos musicais engajados tupiniquins, os "comícios estetizados"[2] de Flávio Rangel e Vianinha, as peças musicadas épicas de Guarnieri, Boal e Ferreira Gullar, os musicais ácidos de Dias Gomes, Chico Buarque e Paulo Pontes...

Matrizes da tese de nosso autor, transformaram-se em manifestações de resistência ao Golpe de 64, surgindo nas brechas da repressão em seqüência à dramaturgia engajada que brotou no palco do Arena com *Eles não Usam Black-Tie*, peça de Guarnieri dirigida por José Renato; registre-se que "durante 10 anos, de 1958 a 1968, o Arena funcionou como ponta de lança do teatro político brasileiro"[3]. Esses artistas

---

2 Flávio Rangel, em José Rubens Siqueira. *Viver de Teatro: uma biografia de Flávio Rangel.* São Paulo: Nova Alexandria, 1995.

3 Décio de Almeida Prado. *O Teatro Brasileiro Moderno: 1930-1980.* São Paulo: Perspectiva, 1988.

14 Últimos

reataram a "tradição interrompida" dos musicais d'antanho[4], à qual acrescentaram reivindicações sociais.

Isto posto, aos *Últimos*.

FM escreve seu texto em versos, recorrendo a freqüentes alternâncias de rimas e de métrica, não aleatoriamente, mas segundo o sentido das frases. Composição formalmente elaborada, de resultado plástico inegável. Por exemplo, um recurso a que o autor recorre com freqüência consiste na troca de palavras-chaves, em estrofes que se repetem em crescendo.

Leia-se e ouça-se no samba-tema da peça, cantado no início pelo Catador e pelo Ladrão: "são vidas estendidas sob as pontes que vão desabar, / meninos magricelas mas insones podem vir se vingar" e mais adiante: "são vidas reunidas sob as pontes que vão desabar, / moleques amarelos mas ferozes querem vir se vingar".

Um tento de concisão poética, objetividade política e apelo ético que se reitera ao longo da peça. Pois o tema é pura brasa e inédito, ao que eu saiba: a odisséia dos sem-teto que pululam nas periferias e nos morros de nossas metrópoles. Muitos deles, herdeiros dos Severinos de João Cabral, como canta no princípio um dos protagonistas, o Homem da Bicicleta, no baião "Pedras por Pães". Síntese do sofrimento não só nordestino mas de todos os seres atados à servidão do campo, às secas eternizadas, ao êxodo forçado, razão primeira do inchaço das periferias urbanas.

---

4 "Entre os privilegiados momentos de nosso palco moderno, é forçoso citar a montagem de *O Mambembe*, pelo Teatro dos Sete, em 1959, direção de Gianni Ratto, e a de *A Capital Federal*, direção de Flávio Rangel, em 1972", peças antológicas de Arthur Azevedo [1855-1908] (Sábato Magaldi, em artigo no programa comemorativo dos 33 anos do Teatro Popular do Sesi, em 1996).

Os versos "come calangos, sente sede, / ele é mil, é mil e ninguém", em "Pedras por Pães", ecoam o Zé[5] (protagonista da peça anterior de FM, adaptação do *Woyzeck* büchneriano) no itinerário de dor de todos os Zés, de qualquer Zé.

Ecoam igualmente Plínio Marcos, esse repórter de um tempo mau que catava seus personagens "nas quebradas do mundaréu, onde o vento encosta o lixo e as pragas botam ovos"[6], o profeta do apocalipse atual, aquele que clamava no deserto de nossa indiferença apontando para os excluídos, os miseráveis, os sem-nada, que sequer fazem parte do lumpemproletariado brechtiano (que ao menos sabia da própria abjeção), mas são os marginais absolutos, que não têm voz, nem vez.

FM engaja-se no compromisso que o teatro de todos os tempos assumiu com a ética, e acrescenta às suas criaturas acentos reivindicatórios, ausentes nos desvalidos de Plínio Marcos, mas presentes na obra de Büchner. Se Woyzeck, o soldado humilhado e ofendido, "não pode e não pensa em defender-se" – herói anti-heróico[7] –, "o autor da peça, por outro lado, rebela-se contra a sociedade, revelando-lhe as torpezas, hipocrisias e brutalidades"[8]. FM, por sua vez, na adaptação *Zé* acrescenta o poder do verso e a força aliciadora da música, sublinhando momentos decisivos, à técnica büchneriana (técnica emulada por autores expressionistas em geral e por Brecht, em particular: a de iluminar um todo através de cenas fragmentárias).

---

5 Fernando Marques. *Zé*. Adaptação em verso e canções do *Woyzeck* de Georg Büchner. São Paulo: Perspectiva, 2003.

6 Plínio Marcos. *Plínio Marcos*. Coleção Melhor Teatro. Seleção e prefácio: Ilka Marinho Zanotto. São Paulo: Global, 2003.

7 Von Wiese, em: Erwin Rosenthal. *O Trágico na Obra de Georg Büchner*. Assis: Faculdade de Filosofia, Ciências e Letras de Assis, 1961.

8 Erwin Rosenthal, op. cit.

16   Últimos

Quanto ao estilo, "a fusão de elementos aparentemente contraditórios", que faz suceder às frases líricas "expressões chãs ou sentenças de verdadeira sabedoria lado a lado com absurdos disparates"[9], tem em *Zé* e em *Últimos* correspondentes à altura de *Woyzeck*. Textos aos quais não falta densidade dramática e literária, qualidade que confere autenticidade aos mergulhos na *angústia* heideggeriana, insinuada nos pavores de Woyzeck e de Zé "na hora do anoitecer" (o mesmo "silêncio aterrador" que perseguia Lenz, protagonista de outra obra de Büchner).

Em *Últimos* a canção "O Jogo" reflete preocupação com a essência do homem. A sanha guerreira estaria no DNA da humanidade, como revela o Ator ao introduzir o inusitado campeonato de dor à audiência dos sem-teto: "é um planeta difícil / e há quem mate por ofício / neste enorme bangue-bangue. / O homem gosta de sangue!", passando em seguida ao jazz: "O jogo continua / com sua regra crua, / demita-se da sua ilusão / Os dentes dessa roda / a toda força, toda, / enfiam-se em seu coração".

Há várias confluências entre *Zé* e *Últimos*, mas queremos enfatizar outra matriz importante na obra de FM: Brecht, cujo *Organon*[10] pautou a teoria e a prática dos artistas de teatro nas décadas assinaladas (60 e 70), assim como Georg Lukács, entre outros, influenciou o pensamento da esquerda internacional. Como fundamento, os conhecidos e assimilados conceitos de "distanciamento crítico", "teatro épico", "didático", "dialético".

Quanto à ideologia — o "ar que se respirava", segundo Althusser —, transcrevo trecho de crítica de Bernard Dort, de 1959, em que se refere a *Mahagonny*, de Brecht e Weill:

---

9   Idem.
10   Bertolt Brecht. *Petit Organon pour le Théâtre*. Paris: L'Arche, 1970.

Nesta cidade de sonhos há um único elemento real: o dinheiro. O protagonista Paul Ackermann matou, violou, traiu... Isto não tem importância, mas ele não teve dinheiro suficiente para pagar o uísque, eis o que é grave, eis o que é *o* crime: condenado à morte, será executado. São levadas ao absurdo as contradições da civilização burguesa, notadamente as que existem entre as práticas dessa civilização, fundada sobre o dinheiro, e sua moral, à base do cristianismo. Não há uma "natureza" burguesa, mas um conjunto de convenções às quais somente o dinheiro empresta uma realidade[11].

Muita água passou sob a ponte desde 1959. Jovens, que acreditavam poder transformar o mundo com a força das idéias, lançaram-se à luta armada, encontrando uma repressão que tantas cicatrizes deixou na alma do Brasil.

Em maio de 68, as agitações estudantis que sacudiram o mundo aquém e além-cortina tiveram como motor-movente "uma única e mesma exigência: a dignidade da pessoa. Como contrapartida à rejeição do *status quo*, havia a luta por um mundo melhor; suas aspirações convergiam em torno da trilogia republicana: liberdade, igualdade, fraternidade. Mas já pressentiam ameaçadas as condições para o exercício da liberdade"[12], pedra angular do tripé almejado que faculta a existência dos outros dois pólos.

Quarenta anos depois, no século XXI, parcela ingente da juventude global presta culto ao Moloch-Mercado que precisa da seiva humana injetada no consumismo para sobreviver, e que alimenta entre outros

---

11 Bernard Dort. *Théâtre public — essais de critique, 1953-1966.* Paris: Éditions du Seuil, 1967.

12 Albert Samuel. A Revolta dos Estudantes. *Revista Civilização Brasileira*, números 19/20. Rio de Janeiro, 1968.

monstros o "memento morituri" ("lembra-te dos que vão morrer") da indústria bélica.

A publicidade indisciplinada pela não-ética fabrica de modo indolor conformismos inconscientes. A propaganda dos regimes totalitários de outrora invade as autoproclamadas maiores democracias para justificar guerras injustificáveis.

Existe uma alienação generalizada, como "ar que se respira", em relação a valores, crenças e certezas.

A ela FM contrapõe palavras que são rajadas certeiras visando alvos específicos: contra os políticos sua verve é implacável e impagável (como no episódio de Fernando Fernando); contra a pretensa liberdade de imprensa, é corajosa ("essa liberdade bíblica / de deformar episódios / conforme amores e ódios, / simpatias, desavenças/dos donos da opinião"); contra a indiferença crônica dos ricos e poderosos, é indignada ("prazer em conhecê-lo com saúde, capaz de acordar / e arregalar os olhos sobre os povos que exigem jantar – já").

A exegese de *Últimos* justificaria um tratado filosófico/político/sociológico/estético e não um simples prefácio.

Há mais, muitíssimo mais no belo texto de FM. Momentos de reivindicações femininas sintetizadas nas falas e canções da Anônima e da Senhora; de dignidade imperecível (o Catador em "Barão das Esmolas"), de memórias terríveis (o Homem da Bicicleta narrando a própria tortura), de terno lirismo (a imagem chapliniana do galanteio com a bicicleta circulando em torno da Senhora; o Ladrão dançando abraçado a si próprio...), além do achado fantástico do torneio de dor que seria vencido pelo desafiante que houvesse sofrido mais...

Ao humor sutil sucede a ironia cáustica ou o deboche escancarado, sem maniqueísmo, questionando certezas messiânicas que do palco visavam transformar a sociedade.

Creio ter detectado no texto de Fernando Marques a revolta desesperançada ante o panorama que seu olhar arguto escrutina. Mas a coragem explícita nos devolve a esperança; à barbárie, ele contrapõe a arte. Como arma o talento genuíno, a inspiração dos poetas e dos músicos, fecundada por horas de estudos e de leituras compulsivas.

Com os séculos nos olhos, inteligentemente, ele trava o bom combate.

ANTES DO SAMBA

Lembro que o interesse e mesmo o entusiasmo pelos espetáculos musicais despertaram na adolescência, depois da (primeira) ida ao teatro para ver *Hoje é Dia de Rock*, de José Vicente, e ao cinema para assistir a *Cabaret*, filme com Liza Minelli.

Sem falar na esforçada participação em montagem escolar de *Morte e Vida Severina*, de João Cabral – a certa altura, quando já era a hora de sair, eu me demorava em cena, sofrendo sem palavras no papel de um dos retirantes... A leitura de peças como *Gota d'Água*, de Chico Buarque e Paulo Pontes, e *Ópera do Malandro*, de Chico Buarque, reforçaria os primeiros alumbramentos.

Águas rolaram até me encontrar, por volta de 1990, de novo impactado por obras relacionadas ao teatro com música: dessa vez, as canções dos norte-americanos George e Ira Gershwin. Arrisquei versões de algumas delas, que resultaram no show *Meus Irmãos: Gershwin*, realizado em 1994, e que foram publicadas em jornais e revistas.

No ano seguinte, o diretor Tullio Guimarães resolveu encenar *Woyzeck*, de Georg Büchner, e me convidou a compor canções para o espetáculo. Fiz três músicas e participei da montagem cantando, com o elenco, a "Canção de Maria", "A Profissão de Cátia" e o "Tema do Fim". Na ocasião, me ocorreu a idéia de adaptar em verso a peça de Büchner, programa posto em movimento em 1999, quando esbocei a primeira

22 Últimos

recriação da história, e consumado em 2003, quando pude publicá-la no livro chamado *Zé*.

Já em 1997 quisera compor um musical, texto e canções, com história original. Chamei o ator, dramaturgo e diretor brasiliense André Amaro para cúmplice da empresa, e começamos a pensar o argumento de *Últimos*. Meses mais tarde, ligado a outros projetos (que o levariam à Europa, onde estudou com os mestres Barba e Mnouchkine), André aos poucos se afastaria dos trabalhos, deixando comigo, no entanto, idéias que procurei desenvolver. Entre elas, a sugestão do Homem da Bicicleta e a imagem da ceia dos sem-teto.

As primeiras versões de *Últimos* datam de 1998. Passaram-se, portanto, dez anos até a peça chegar ao livro, ainda inédita nos palcos. As revisões foram várias, obsessivas. O gosto pelo gênero me estimulou também a escrever a tese de doutorado "'Com os Séculos nos Olhos': teatro musical e expressão política no Brasil, 1964–1979", defendida na Universidade de Brasília em 2006.

Pode haver dúvida quanto a chamar esta peça de comédia musical. Ao utilizar essa expressão, refiro-me antes a certas convenções de forma e de atmosfera, típicas do gênero cômico – o apelo à fantasia e a presença de elementos narrativos, por exemplo. Mas não me refiro a limitar o texto a assuntos leves, como é habitual nas comédias; temas sérios podem ser tratados aqui. O cômico, o lírico e o dramático, o ligeiro e o áspero pretendem somar-se.

Abrasileirei palavras que designam gêneros musicais: regue, jás, roque, fanque. Reminiscências modernistas. Ou provocação amena, dirigida aos carolas do idioma... inglês.

Duas observações antes de encerrar esta nota. A primeira delas relaciona-se ao título do texto. Em 2006, lendo o livro *As Trombetas de Jericó – teatro das vanguardas históricas*, de Silvana Garcia, descobri consternado já existir peça com esse título, *Últimos*, ou mais precisamente *Os Últimos*. É de Maxim Górki (1868-1936). Foi publicada no país em 1969.

Matutei, buscando encontrar novo nome para o texto. Não achei nada que me satisfizesse. Resolvi pedir conselho a um grande crítico, mestre de todos os que temos algum envolvimento com teatro. Ele me disse considerar *Últimos* um bom título; não devia trocá-lo. "Preciso, de qualquer modo, informar o leitor da existência de uma peça com esse nome", ponderei. "Sim, você deve fazer isso – e, então, estará moralmente resguardado", opinou. Aproveitei seu conselho, é justamente o que providencio agora.

De fato, não quero mudá-lo! Além do mais, os motivos para batizar uma peça dessa maneira sugerem semelhança entre as condições precárias em que tantos viviam na Rússia de Górki e aquelas em que tantos vivem neste país, hoje. Estamos em boa companhia.

Outra informação: as partituras que integram o volume, editadas por Wellington Diniz, reproduzem as canções na sua forma original e replicam, essencialmente, as melodias e harmonias registradas no CD. As partes não trazem, no entanto, os arranjos do pianista José Cabrera, sem os quais o disco que aparece com o presente livro seria bem diverso do que é.

Cabrera armou com talento e sensibilidade o ambiente onde cantam Celia Rabelo, Eduardo Rangel e Wilzy Carioca (além deste autor). Eles foram assessorados pelos instrumentistas Jaime Ernest Dias, Oswaldo Amorim, Amaro Vaz, Rafael dos Santos, Alberto Sales, Moisés Alves e Lucimary do Valle, todos identificados nos créditos ao final do livro.

À peça, pois.

Brasília, março de 2008.

ÚLTIMOS

Personagens

Homem da Bicicleta
Senhora
Catador
Ladrão, depois Policial I
Ator
Anônimo
Anônima
Televisão
Fernando Fernando
Músico
Policial 2
Policial 3

As canções devem ser interpretadas pelos próprios atores; a ação se passa em alguma grande cidade brasileira hoje.

PRIMEIRO ATO

Primeiro quadro: A catástrofe

(*Os instrumentos atacam "Pedras por Pães". Entra o Homem da Bicicleta. Dá uma volta pelo palco em seu veículo, ri; dispõe à sua volta alguns dos numerosos objetos que traz em seus bolsos e bolsas, à maneira dos mascates. É como se a sua presença se explicasse por si mesma – ele age um pouco feito o dono da cena. Canta "Pedras por Pães", um baião que deve lembrar o Nordeste das feiras livres.*)

Homem da Bicicleta (*cantando*)

    – Pedras por pães, faróis,
    sertões e mar à luz dos vinte mil sóis
    Filhos e mãe, botões
    sem flor, no solo secam seus corações

    Virgens e coronéis,
    senhor e servo ao som das vinte mil leis
    A voz, o cantador,
    cordéis, do solo brota a áspera flor

    O deserto a transbordar,
    pesadelo ou redenção
    Vem a chuva, lava o chão,
    e se a chuva não chegar?

30 Últimos: Ato 1

Vai o menino e seus
bons pais, estrada abaixo feito os judeus
Ele não sabe mas
a morte o acompanha com suas pás

Já com os próprios pés,
o homem negro índio bem português
come calangos, sen-
te sede, ele é mil, é mil e ninguém

Terra se desfaz em mar,
pesadelo e redenção
Chuva lavará o chão
quando Deus o abençoar

(*Logo após o término da música, o Homem da Bicicleta ocupa o centro da cena e se apresenta, dirigindo-se ao público.*)

Homem da Bicicleta (*anunciando seus badulaques; pode declamar com melodia, entre a fala e o canto, como os violeiros*)
  – Peças e pérolas mil,
  louças da Rússia e da China,
  badulaques do Brasil
  que não se acham na esquina;
  simpatias infernais
  feitas para os pobres ais
  a que a gente se destina.
  Trago relíquias do Egeu,
  pedras de terras distantes,

certas jóias de judeu
que parecem diamantes.
Quem duvida, venha ver,
pode vir, queira escolher,
chegue, pegue e pague antes.
Galileu nos deu o mapa
do mundo de seus exames,
Cleópatra, a própria capa
com que cobria os vexames.
Tenho a riqueza dos séculos,
de Freud, guardo seus óculos,
e lembro velhos reclames.
Da cultura universal,
não me faltam exemplares:
há Shakespeare no original
e quadros de luminares
como aquele Rafael
que representava o céu
e seus deuses tutelares.
Comidas de toda parte,
pratos típicos, quindins,
receitas de fina arte
e sanduíches chinfrins.
Vendo quibe, tacacá,
milk-shake, vatapá,
todos têm os mesmos fins.
Do sexo, de suas manhas,
guardo em meus bolsos a chave,
instrumentos e artimanhas

32 Últimos: Ato I

de arrepiar o Bocage.
Para mim, não há segredos,
tudo cabe nos meus dedos,
carícias como as de Sade.
Uma vez apresentado –
eu a meus consumidores
sempre crédulos, coitados,
e servis a seus credores –
dou a visita por finda,
foi bonita e, mesmo, linda.
Apareçam os atores.

(*A figura da Senhora surge do fundo da cena, de entre vultos que mal se divisam, mas que simbolizam a multidão dos desvalidos – depois das chuvas que acabaram de cair sobre a cidade. Fala em tom neutro, sem se derramar. O Homem da Bicicleta dialoga com ela.*)

Senhora — Eu dormia em minha casa,
senhora de minhas tralhas,
meu quarto-sala-cozinha.
As águas criaram asa
e arrebentaram as calhas.
Eu agora estou sozinha.

Homem da Bicicleta — Sinto muito, senhorita
ou senhora, já não sei.
Não vamos fazer um drama
dessa comédia sinistra.
Você se salvou, me salvei.
Portanto, de que reclama?

I. A catástrofe 33

Senhora — Perdi tudo o que não tinha.
Perdi meus filhos, meus olhos,
gastei meus dias em vão.
Sobramos eu, a vizinha
e a dor de que me consolo.
Peço apenas atenção.

Homem da Bicicleta — Pena, lástima, pecado,
mas não me interprete mal.
Digo apenas: sempre em frente.
Para a gente desse lado,
sofrer é coisa normal.
Vamos, aceite um presente.

Senhora — Que presente pode agora
suavizar a aflição?
É verdade, sinto frio.

Homem da Bicicleta — Pois cubra o corpo, senhora.
Vamos chamar à ação
os molambos do Brasil.

(*Durante as últimas falas, o Homem da Bicicleta cobre generosamente os ombros da mulher com xale ou manta que tira de seus alforjes. Música entra imediatamente, tocada apenas por violão e fósforos — ou o mais incisivo tamborim, caso se prefira. Outros instrumentos irão se integrar à música à medida que avança. É o samba "Últimos". Os que estavam ao fundo da cena tornam-se visíveis e se incorporam à canção, um a um. Entre eles, a figura do Catador destaca-se; é ele quem começa a cantar. Quando a melodia recomeça com nova letra, a partir da quarta estrofe, a liderança do Catador dá lugar à do Ladrão. Seria interessante que os atores mais "dissessem" que cantassem a letra, evitando a ênfase.)*

Catador (*cantando*)

— Eu vivo a escovar os tesouros que salvo do lixo
e livro o pão dormido dos garotos com as jóias que vendo
Sem nome nos cartórios, sem mistério, vou vivendo, eu vou vivendo
e sei que se apagar só vão ficar as ninharias no nicho

Eu cato alguns papéis que valem réis nas fontes altas das latas de lixo
e sinto menos frio com o cio das fogueiras que acendo
Carrego minha vida no meu braço e não me rendo, eu não me rendo
mas tenho nos buracos onde habito a companhia dos bichos

Todos — Vou dizer,
é belo vê-lo vivo e com saúde, capaz de acordar
e abrir os olhos grandes sobre os seres que pedem jantar
São vidas estendidas sob as pontes que vão desabar,
meninos magricelas mas insones podem vir se vingar

Ladrão — Eu sigo a colher os bagulhos que escolho nas casas
e levo longas horas devassando a virgindade das portas
Enquanto tantos dormem, eu suando a horas mortas, não importa,
só sei que se acertarem o meu peito não acertam as asas

Eu corto minha vítima teimosa se ela não colabora,
tem gente que não sente que o assalto não permite respostas

Carrego uma história miserável sobre as costas, minhas costas,
mas quero ser o homem que não sofre, que não morre nem chora

Todos   — Vou dizer!
Prazer em conhecê-lo com saúde, capaz de acordar
e arregalar os olhos sobre os povos que exigem jantar — já
São vidas reunidas sob as pontes que vão desabar,
moleques amarelos mas ferozes querem vir se vingar.

Você que se imagina um ser humano vai se achar um covarde

(*Esse último verso, especialmente agressivo, pode ou não ser utilizado, a critério da direção. Talvez se possa enunciá-lo em coro, com alguns dos intérpretes voltados para o público, enquanto os demais dizem o verso olhando uns para os outros, como que se incluindo entre os destinatários da frase... A música aos poucos termina; todos saem de cena, ao mesmo tempo em que aparece outra figura — a do rosto na tela de tevê. A Televisão, com a cara no vídeo, fala sobre a marcha recém-formada.*)

Televisão   — Grupo desordeiro paralisa
o trânsito, onde se precisa
transitar: o centro da cidade.
Os homens, reunidos agora,
têm à frente — ou atrás — a senhora
que sobreviveu à tempestade.
A moça, ainda nova, tinha filhos,
mortos sob as lajes e ladrilhos.
Marido igualmente soterrado.
Na marcha, destaca-se também
um agitador, de que ninguém

conhece presente nem passado.
O fato é que as vítimas da chuva
decidiram ocupar as ruas:
o trânsito está intransitável.
Teme-se que tentem avançar
sobre a sala, o quarto, o teto, o lar
do cidadão reto e respeitável,
que não perdeu filhos nem janela
nas chuvas caídas na favela.
O assalto, revela a reportagem,
tem caráter muito especial.
A rigor, não chega a ser assalto.
Os sem-teto estão de sacanagem?
O prefeito Fernando Fernando
declarou estar analisando
com vagar a situação.
O prefeito Fernando Fernando
confirmou estar analisando
com vagar a situação.
O prefeito Fernando Fernando
reiterou estar a estudar
com vagar a situação...

(*A voz da Televisão vai sumindo.*)

Segundo quadro:
A ceia

(*Noite. Uma imensa mesa se estende no palco. É a ceia dos Últimos. A primeira estação para a jornada que ora se inicia.*)

Homem da Bicicleta – Quem se sentar à mesa improvisada
em plena via pública, na estrada
que leva aos Três Poderes, aos palácios
e tribunais onde a sorte do povo
é decidida, saiba: o homem novo
nasce dos becos e porões... (*a inimigos invisíveis*) Palhaços!
Nós esperamos há quinhentos anos
a hora de, vencidos os enganos,
comer e beber, comer e beber.
Meus amigos, devemos festejar
o dia em que nós vamos começar,
finalmente, a comer e a beber!

(*Distribui pratos, talheres, guardanapos, batons, máscaras... Os Últimos terão ocasião de comer. Enquanto o Homem da Bicicleta executa a tarefa, a melodia de "Pedras por Pães", marcada por percussão, reaparece ao fundo. A seguir, cada um dos desvalidos se apresenta brevemente aos demais. O ritmo das falas é ágil.*)

38 Últimos: Ato 1

Ator — A iletrados e doutores,
oferéço os meus pendores:
o ator que, no fim da pista,
vai pra Casa dos Artistas...

Anônimo — Eu, que traficava drogas,
que me escondia nas tocas
à chegada da polícia,
me uno à marcha. (*saboreando algo*) Delícia!

Catador — Meu negócio são papéis
que não valem dez mil réis:
papéis sujos, velhos, rotos,
papéis, mas papéis escrotos.

Anônima — E eu, cansada do inferno
de vender meu corpo ao terno
e à gravata, a quem me nega
guarida — para mim chega!

Todos — Chega!

Ladrão — Oferéço à marcha cívica
a arte maior e cínica
do surrupio. Afinal,
roubar exige know-how.

Anônima — Por favor, me passe o sal.

II. A ceia 39

(*Comem com algazarra. Falam uns com os outros. Passados alguns momentos, o Homem da Bicicleta volta à carga.*)

Homem da Bicicleta – Fizemos a nossa sopa
        dos restos que a classe média
        se esqueceu de consumir.
        Do mesmo modo que a roupa
        rasgada não nos impede a
        felicidade. E a rir
        fazemos a refeição
        que a caridade cristã
        e as latas milionárias
        de lixo e bichos nos dão.
        Temos jiló, hortelã
        e outras ervas ordinárias.
        Temos carne de terceira,
        mas serve, na ocasião.
        Até capim – não espalhem –
        esta sopa brasileira
        contém, mas não há feijão.
        E pão duro. (*para o público*) Não reparem.
        Em momento assim galante
        em que tiramos o bucho
        do jejum e da miséria,
        seria muito importante
        que alguém – supremo luxo –
        cantasse. Mas letra séria.

Anônima (*oferecendo-se*) – Eu canto. Canto direito.

Homem da Bicicleta — Vamos ouvir com respeito.

(*Ela se posiciona ao centro da cena para interpretar seu número, o regue "Anônima". Talvez possa escolher um espectador, homem, na platéia e cantar dirigindo-se a ele. Com certo humor.*)

Anônima (*cantando*) — Eu saio à rua, ando nua sob a roupa,
alguns manés vêm perguntar as horas
Eu compreendo o que pedem os coitados:
se não te ofendem, querem ser capachos

Não acho bom nem mau que finjas ver em mim uma deusa,
com os peitos feito frutas à venda,
a mulher que os idiotas desejam — eles me beijam, bem

E sou ainda a coisa linda que te rouba,
tu vais dormir e vais passar por trouxa
Eu acho graça em seres todo esse marmanjo
e teres grilos com o seu tamanho

Eu acho estranho que não saibas quem comeu teu salário,
tu não passas de mais um miserável
se não tens o meu amor, nem cruzados — eles me pagam bem

Tu és o nobre brasileiro cor de cobre, garoto!
Tu és belo mesmo aí nos esgotos,
onde tocas, tu provocas negócios,
me dispensas mas eu corto teu rosto...
Toma um gole desse copo

II. A ceia

e não pensa (dorme de novo)
e não pensa (dorme de novo)
e não pensa (dorme de novo)
e não pensa!

(*Palmas, gritos e, também, assobios gaiatos ao fim da música. Logo que o silêncio volta, encerrados os aplausos, a Senhora, rompendo o mutismo em que esteve até o momento, manifesta-se, entre irônica e indignada, ralhando com os demais.*)

Senhora — Bonito, muito bonito.
Temos um show de calouros!
A marcha, ao invés de grito
contra a fome, a situação
em que tantos brasileiros
vivemos, desde Cabral,
ganha a forma — genial! —
de caraoquê... Fagueiros,
irresponsáveis, servis,
os tais revolucionários.
Eles se acham viris
e enfrentam a opressão
com cantilenas vazias.
Tudo tem hora na vida;
não é hora de bebida.
Nem, a meu ver, de alegrias
calçadas em coisa alguma,
apoiadas sobre nada.

(*noutro tom*)

42 Últimos: Ato I

Eu desfiei uma a uma
as fibras do coração...
Melodramática, piegas,
perdi o que nunca tive,
eu, e qual foi o meu crime?
Agora tateio às cegas.

(*pausa*)

Eu perdi o meu marido.
Todos lembram do que é bom,
eu lembro do apodrecido.
A memória me machuca
— o lar que a chuva comeu.
Agora quem canta sou eu!
Maestro, por favor, música.

(*Os músicos chegam a tocar o primeiro acorde do bolero "Rotinas", mas o Homem da Bicicleta os faz parar com um gesto autoritário — ou, talvez, um gesto característico à maneira de Elvis Presley ou de Jô Soares.*)

Homem da Bicicleta (*interrompendo*) — Agora sou eu quem diz:
bonito, muito bonito!
A senhora foi feliz
em nos gritar o seu grito,
em nos contar suas mágoas.

Senhora — Quando caíram as águas,
eu estava em minha casa.
Quando a chuva quer, arrasa...

Homem da Bicicleta — Já ouvimos essa história.

II. A ceia

A senhora talvez pense
que é a maior sofredora.
Não lhe ocorre que esta gente
também tem histórias vis?
Nenhum de nós é feliz.
E acho mesmo que a senhora
é tudo, menos cantora...

Senhora — Mas, por acaso, lutamos
num campeonato de dor?
Um torneio onde vamos
disputar quem é melhor
em matéria de sofrer?
Pois bem, com muito prazer.
Vamos ver quem tem rancores
maiores, maiores dores.

Homem da Bicicleta (*a todos*) — Pelo que entendo, essa moça
propõe, com todo o descaro,
que a platéia nos ouça
num torneio muito raro:
um torneio de desgraças!
Vamos brigar, sem trapaças,
num campeonato de dor,
sangue, lágrimas, suor.

Senhora (*em tom de desafio*) — Certo. Quem vai começar?

Ator (*intervindo*) — Acho que nenhum de nós
tem forças pra começar

44 Últimos: Ato I

agora, e nenhuma voz.
Mas pode ser divertido
e fazer algum sentido
mandarmos o tal torneio.
Um certame dos receios
vividos por cada um,
dos maus tratos, pontapés
que levamos no bumbum
ao invés de cafunés,
as mais amargas passagens
para o inferno, e as visagens
que para sobreviver
aprendemos a fazer.

Senhora — Pronto, vamos começar!

Ator — Nossos corpos maldormidos
não preferem descansar?
Vamos dormir e, dormidos,
acordados amanhã
dedicaremos à vã
competição nossas vozes,
nossas dores e neuroses.

Todos (*manifestam-se desencontradamente*)
— É isso mesmo, amanhã!

Ator — Sim, por ora nossos corpos
pedem silêncio, repouso.

II. A ceia 45

Eu até me atrevo, rouco,
a tentar, a voz num sopro,
embalar os companheiros.
Tenho versinhos maneiros,
propícios a tais instantes.
Que acham os circunstantes?

Todos (*sonolentos, inclinados a concordar por inércia*)
— Cante. Cante. Cante. Cante.

Ator   — Relevem a voz chinfrim.
Posso cantar, mesmo assim?

Uma voz (*cansada*) — Ah, canta e vamos dormir.

Outra voz   — Vamos ouvir o Ator!

Homem da Bicicleta (*dando a última palavra*)
— Mas amanhã se inicia
o campeonato de dor.

(*Ator olha em torno, toma do violão que estava encostado a um canto, dedilha-o vagarosamente. Os Últimos acomodam-se no chão — com exceção do Homem da Bicicleta e da Senhora, que não se mexem, ficando em pé. O Ator muda repentinamente de atitude, torna-se enfático: assumiu o personagem. Ele irá cantar o jás "O Jogo" pouco adiante. Enquanto fala, mantém o violão preso nas mãos como uma arma ou como apoio para acentuar as palavras — que se referem ao torneio de dor que terá lugar no próximo quadro. Escolhe um interlocutor, talvez imaginário, e defende a sua tese.*)

Ator — Todos estamos de prova:
há quem cumpra o seu dever
e procure convencer,
sim, procure persuadir
os irmãos a desistir
de brigar. Mas uma ova!
Eles querem é brigar,
eles precisam brigar.
Amigos, não foi diferente
jamais, nem antigamente,
e nunca, jamais será:
é um planeta difícil,
e há quem mate por ofício
neste enorme bangue-bangue.
O homem gosta de sangue!

(*com alegria*)
Nós gostamos de lutar!
De dominar, de agredir,
de tomar, de destruir,
gostamos de sentir raiva,
e perderemos a calma
e cairemos no mangue
da pior melancolia
— a nossa mente vazia,
os nossos corpos doentes —
se não usarmos os dentes,
se não pudermos matar.
O homem gosta de sangue!

II. A ceia

(Música entra imediatamente. É o jás "O Jogo". O Ator canta e se acompanha ou finge acompanhar-se ao violão. Luz desce no final da música. A cena ao fundo pode figurar um ringue, numa pantomima irônica.)

Ator *(cantando)* – O jogo continua
com sua regra crua,
demita-se da sua ilusão
Os dentes dessa roda
a toda força, toda,
enfiam-se em seu coração

A mesma imagem velha
revela-se vermelha,
de sob o homem sobe o animal
Anima-se o que pensa
mas faz a regra tensa
dos jogos em que sofre afinal

Ou tudo é puro engano
e os dons do ser humano
não podem ser, não são naturais
O mais ingênuo espera
razão que dê à fera,
quem dera, da esperança os sinais

Desesperado espera
razão que dê a ela,
à bela da esperança os sinais

(penumbra)

Terceiro quadro:
O torneio

(*Manhã. Os Últimos estão atarefados, preparando o cenário para o "campeonato de sofrimento", como informa cartaz ou tabuleta. Improvisam o palco onde os contendores irão se apresentar, enfeitam a cena, catam no chão, nas proximidades — vale lembrar que eles se acham em plena rua —, objetos que transformam em adereços para o adorno do evento. Está em causa a liderança do movimento e, à medida que o torneio avançar, dois grupos distintos deverão formar-se, tendo como pólos o Homem da Bicicleta e a Senhora. Enquanto transcorrem os preparativos, um dos músicos do espetáculo, acompanhado de grupo, canta o "Tema do Torneio". No decorrer do quadro, a canção, sem letra, poderá voltar, marcando cada uma das intervenções no campeonato. O Músico não participa da ação, comenta-a.*)

Músico (*cantando*) – Vamos ter torneio
Dor e devaneio
Toda gente veio ver

Luzes na arena
Preparada a cena
Vai valer a pena ver

III. O torneio

Tudo quase pronto
para o grande encontro
Vem que vai acontecer

Homens e mulheres
pagam por prazeres
Queres ou não queres ver?

Vamos ter agora
Logo, sem demora
O que o povo adora ver

Tudo quase pronto
para o grande encontro
Vem que vai acontecer

Tudo quase certo
Já estamos perto
Vem que vai acontecer!

Quase cem por cento
para o grande evento...

Vai haver conflito
Deve ser bonito...

Tudo nos lugares
Saiam de seus lares...
Vem que vai acontecer!

50   **Últimos: Ato I**

(*A música se repete, circular, até que tudo esteja no ponto para começar.*)

Ator (*em tom ligeiramente caricato*)
    — Público respeitável,
    senhores varonis,
    mulheres de valor:
    com vocês, os Brasis,
    com vocês, o penhor
    do povo miserável.
    São histórias viris,
    aventuras de horror.
    Mas, na vida infeliz,
    o que há de melhor
    que lutar, incansável,
    por fazê-la melhor?
    Cada um deles diz
    de seu próprio suor.
    Por favor, peçam bis
    ao final. Respeitável
    público! O torneio
    de dor começa agora.
    Que nos diga a que veio,
    por favor... a Senhora.

(*Senhora posiciona-se, digna, no palco improvisado. Os demais irão cercá-la, atentos. O Homem da Bicicleta permanecerá a certa distância, um pouco rígido, gesticulando e reagindo às passagens mais significativas do texto que a Senhora passa agora a declamar. Às vezes o Homem se espanta de fato, noutras vezes exibe expressão de escárnio, dúvida,*

III. O torneio   51

*suspeita e assim por diante. Esse possível contraponto cômico, ou patético,
ao discurso da Senhora não deve matar, porém, o pretendido lirismo das
palavras da mulher.*)

Senhora — Vivíamos numa favela,
morávamos, mal, num barraco
feito de paus e de caixotes.
Eram minúsculos os lotes,
e não se podia ser fraco.
Não falo da sorte recente
que me levou marido e filhos.
Recordo a infância muito pobre,
nobremente pobre, mas pobre;
e não se saía dos trilhos.
O feijão, contabilizado
aos grãos, o feijão era escasso.
Eu e minhas irmãs usávamos
as técnicas que inventávamos
para alcançá-lo. Era escasso,
o arroz também era escasso...
Trapaceávamos assim:
íamos à venda e ao bar,
pedindo: "Moço, pode dar
amostra de seu arroz?". "Sim",
dizia o marmanjo às meninas.
Levávamos, no fim do dia,
à minha mãe quinhentos gramas
de arroz e feijão, nessas tramas.
E essa era a nossa alegria.

52 Últimos: Ato 1

(*Pausa. Silêncio geral, só quebrado por um movimento de impaciência do Homem da Bicicleta.*)

Senhora (*prosseguindo*) – Nosso pai nos abandonara,
que bom que nos abandonou.
Ele nos batia, era louco,
os punhos fechados em soco.
Um dia, nosso pai voltou,
humilde, olhando minha mãe
como quem implora desculpas.
A velha mulher, muito forte,
enrijecida pela sorte,
devolveu-lhe as suas desculpas,
permitiu que nos visitasse,
mas jamais deixou que dormisse
na cama que ele abandonara.
Guardei meus quinze anos para
sairmos de lá. Quem me visse
descalça – mas não por desleixo,
que nunca fomos desleixadas –,
descalça sobre a laje fria,
hoje não me conheceria.
Trazemos as mãos estragadas
pelo trabalho. Foi mamãe
quem nos ensinou que a pobreza,
sem metas, amor, sem mister
de continuar a viver,
não tem nem um grão de beleza.

III. O torneio   53

(A fala da Senhora terminou, por ora. Palmas tímidas; o Ator anota a participação da Senhora, a giz, num quadro. O Homem da Bicicleta pede licença, cerimonioso mas decidido; assume o lugar da Senhora no palco do torneio e começa a falar.)

Homem da Bicicleta – Com todos os seus percalços,
    com seus pezinhos de louça
    tão frágeis e tão descalços,
    duvido que a boa moça
    tenha passado na vida
    uma hora mais bandida
    que as minhas. Platéia, ouça!
    Alguém aqui já ouviu
    falar, talvez, em tortura?
    Pois quem vive no Brasil
    deve lembrar a loucura
    que em momentos aflitivos
    fez, dos vivos, mortos-vivos
    nos tempos da ditadura.
    Eram homens bem treinados
    e não apenas malucos
    os que deixaram marcados
    à custa de bons trabucos,
    murros, socos, pontapés,
    o corpo de alguns manés.
    Alguns ficaram eunucos.
    Trago na minha caveira
    a história de tais sevícias.
    No começo, à brasileira,

como fazem as polícias,
pancada simples e pura,
sem técnica, bruta e burra.
Depois, ganharam malícia
e aprenderam a bater.
Surgiram os travesseiros
com que faziam sofrer
sem marcar os prisioneiros.
Botavam em sua barriga
um travesseiro e, amiga,
batiam dias inteiros.
Costelas eram partidas
assim, sem deixarem marcas.
Alguns largaram a vida
assim, sem levarem marcas.
Fígados, rins aos frangalhos,
corações, pulmões, caralhos,
assim, sem deixarem marcas.
O sujeito, arrebentado,
com os bofes aos pedaços,
não ficava carimbado.
Vieram choques no saco
e os telefones terríveis
com que levaram a níveis
refinados o trabalho.
O que são os telefones?
Ora, com as mãos fechadas,
perguntavam nossos nomes.
Ninguém respondia nada.

III. O torneio   55

Então, aqueles bandidos
batiam bem nos ouvidos;
e as retinas, descoladas.
Fui jogado numa cela
feito em hotel de bacanas.
A laje suja, amarela,
atraía as ratazanas
com que lutava, no escuro.
Há sofrimento mais puro?
Só ali, duas semanas.
Mas do melhor a platéia
repleta de bem-pensantes
não sabe, não faz idéia.
Era quando os vigilantes,
colados a suas armas,
coturnos, patentes, carmas,
seus bonés e seus berrantes,
levavam o preso às vezes
a mergulhar numa tina
carregada com as fezes,
água de esgoto e urina
daqueles homens treinados,
dos muito bem preparados
soldados – tortura fina.
Conduziam vários presos
àquela sala sombria,
algemados, indefesos,
há tempos sem ver o dia.
Berravam: "Hora do banho!"

As tinas, de bom tamanho,
repletas de porcaria.
E lá, por motivos técnicos,
só mergulhavam uns poucos.
Os outros viam, perplexos,
colegas ficarem moucos
com a bosta que os bandidos
lhes metiam nos ouvidos.
Existem homens mais loucos?
No entanto, como já disse,
totalmente conscientes
de tudo. Mas quem os visse
depois dos expedientes,
depois, em meio à família,
carinhosos com a filha,
a mulher, e tão decentes,
não na hora de baterem
em homens já dominados,
cumpridores dos deveres
que lhes foram confiados,
quem os visse
jamais adivinharia
a que ponto chegaria
o general com seus soldados.

(*Palmas tímidas, a princípio; depois mais e mais fortes, em crescendo, até que os aplausos atingem níveis consagradores. Também os partidários ou simpatizantes da Senhora batem palmas para o Homem da Bicicleta. Este só falta ser carregado em triunfo – e não esconde o orgulho no sorriso que dirige à rival.*)

III. O torneio

Senhora — Respeito o seu sofrimento.
Mas, em primeiro lugar,
não terminei de falar.
(com certa ironia)
Em segundo, me desculpe,
me perdoe, não me culpe
por, digamos, refletir,
por questionar o tormento
que você, adulto e livre,
ao lutar a luta armada,
porrada contra porrada,
arriscando-se a matar
até mesmo o popular
que julgava defender,
pôde sofrer. *(a sério)* Deus me livre de
desculpar torturadores,
senhores de farda e quepe
que hoje soltos, serelepes,
têm a memória manchada
do sangue dos guerrilheiros,
motoristas, mensageiros
ou simples espectadores
do que foi a luta armada.
(pausa)
Meu sofrimento foi outro.
Também o trago no corpo,
na lembrança de meu pai,
e essa lembrança não sai
desta cabeça cansada.
Eu também tomei porrada!

58 Últimos: Ato 1

Homem da Bicicleta – Mas ninguém duvida disso.

Senhora – Pois continuo no páreo,
também tive meu salário
de horrores. Torneio tolo!
Mas que sirva de consolo
vencê-lo, que bem mereço.
Agora digo, não peço...

(*O Homem faz gesto que significa "continue".*)

Senhora (*seguindo*) – Eu conheci dois feitores,
dois homens, e dos piores
possíveis: pai e marido.
Preferia ter morrido
a agüentar humilhações
como as que em frias lições
com eles pude aprender.
E, pra seu governo, a última:
há coisa de alguns minutos
tirei uns versos enxutos
da lembrança. Quis cantar.
Mas você me interrompeu.
Agora quem canta sou eu!
Amigos, por favor, música.

(*O Homem da Bicicleta é obrigado a ceder seu lugar no pódio à Senhora, que canta o bolero "Rotinas". Ela interpreta a canção diante da curiosidade do grupo – e de certa contrariedade da parte do Homem. Luz evocativa sobre a cena.*)

Senhora (*cantando*) – Sob a calma das rotinas,

faço a cama em que repousa
Certas noites nem me olha,
mesmo assim já fui feliz ali

Logo eu, que mal me basto,
bebo a pia, como os pratos,
sirvo a mesa e calo a boca
Ora veja o quanto me esqueci

Quando ele dorme, cansado,
com dois dos meus dedos castos
eu a mim mesma me afago
Vai ver que sonha com a atriz

Quando ele cai, saciado,
guardei meu melhor abraço
mas nem por isso o descarto
Com quem se encontra e é feliz?

Às vezes penso em deixá-lo,
em deixar de ser a tola,
em deixar de ser fiel

Mas logo lembro das louças
e calo como ensinaram,
representando o papel

Logo eu, que mal me basto,
bebo a lua, como os astros,
a estrela que ele adora...
Ora essa o quanto não cresci

Quando ele dorme, cansado,
com dez dos meus dedos gastos
eu a mim mesma me acalmo
Vai ver andava com a atriz

Quando ele cai, saciado,
guardei meu melhor abraço
mas nem por isso me afasto
Vai ver que ama e é feliz!

Às vezes penso em deixá-lo,
em deixar de ser a tonta,
em deixar de ser fiel

Mas logo lembro das loucas,
modestamente me apago...
De meu inferno, meu céu,
pra seu governo, meu céu

(*A interpretação foi seguida com atenção pelo grupo que, ao final, aplaude a Senhora calorosamente. Os adeptos em torno de um e de outro contendor, a essa altura, se misturam e se confundem. O campeonato de sofrimento volta a se equilibrar.*)

III. O torneio   61

Ator   – Público bem-amado:
             não acha que o torneio
             parece equilibrado?

(*O Ator, levemente pernóstico na sua função de mestre-de-cerimônias,
é atropelado pelos demais: todos querem falar e o fazem quase simultaneamente. Jogo semelhante ao do início do segundo quadro – em ritmo,
porém, mais nervoso.*)

Anônima (*frenética*) – E eu, que já fui humilhada
             por fregueses malcheirosos?
             E que, pelos mais carinhosos,
             acabei apaixonada?

Catador (*solene*) – A minha vida, em plena rua,
             daria um romance extenso.
             Mas eu jamais perdi o senso
             da honra, mesmo na rua.

Anônimo (*reticente*) – Eu prefiro silenciar
             sobre males e mazelas.
             Não se abrem tantas janelas.
             Continuarei popular...

Ladrão (*que estava fora, surgindo*)
             – Vejo que ainda chego a tempo
             de participar da liça.
             Porém, outra coisa precisa
             ser dita, neste momento.

Ator — Amigo, por favor!
Participas ou não
do torneio de dor?

Ladrão — Calma, permita que explique
o motivo da saída
e, agora, pontifique
sobre nossa própria vida.
Trago no bolso a notícia
ruim para o movimento:
há todo um destacamento
de milicos, logo ali.
Pra não perder o costume,
saí pra bater carteiras.
São manias brasileiras...
Também como de costume
a polícia veio ver
quem sou e onde trabalho.
Foi quando pude entender
que estamos cercados. Acho...

(*O Ladrão é interrompido pelos demais, que se olham uns aos outros, preocupados; cochicham, vociferam e dirigem a sua atenção para o Homem da Bicicleta e a Senhora.*)

Homem da Bicicleta — Não vamos perder a calma.
A ocasião é tensa.

III. O torneio   63

Senhora — A polícia nos dispensa
de disputar essa palma.

Homem da Bicicleta — Mas não podemos fugir.

Senhora — Fugir, de jeito nenhum!

Ladrão (*covarde e comicamente*) — De jeito nenhum: fugir!

(*Tenta dar o fora, mas é seguro pelos demais.*)

Homem da Bicicleta (*paternal*) — Calma, ninguém vai sair.

(*O Ladrão, amuado, é reconduzido a seu lugar no grupo.*)

Homem da Bicicleta — Proponho que, em lugar
de terminar o torneio,
a gente lhe dê um freio.

Senhora (*feminina*) — Ele já nos fez brigar...

Homem da Bicicleta (*que não dá o braço a torcer*)
— Talvez voltemos à liça...
Mas agora, em resposta
a essa tropa de bosta,
vamos acampar aqui.

Senhora — E que venham nos tirar!

64　**Últimos: Ato I**

Homem da Bicicleta (*muda de tom; galante, jeito de Humphrey Bogart*)
— Senhora, não quer dançar?
(*ao Músico*)
Toque um negócio bacana
que anime o fim de semana.

Senhora — Toque um troço popular!

(*Os músicos atacam o samba "Últimos", sem letra, tocado com calor de gafieira. Os membros da marcha dançam sob as estrelas. O Homem da Bicicleta dança com a Senhora; pode usar a bicicleta para dar voltas galantes em torno da mulher. A Anônima é disputada pelo Catador e pelo Anônimo e se reveza nos braços de um e de outro; os movimentos com que passa de um a outro homem são espetaculares, acrobáticos, decididamente coreográficos. O Ladrão dança sozinho, abraçado chaplinianamente a si próprio. A música será tocada na íntegra. Luz desce; é o fim do terceiro quadro. Quando a música cessar, luz apenas no rosto do Ator, que recita.*)

Ator — É sempre lisonjeiro imaginar
a própria dor maior que a dor alheia:
enxerga-se no espelho o rosto mártir
e faz-se de si mesmo grande idéia.
A dor será menor se nós pensarmos
que somos os artistas e a platéia
de nossa força imensa a tolerar
a crueldade do que nos rodeia.
Então é muito fácil permitir
que a dor, que detestávamos, prossiga
ferindo nossa carne e nossa alma:

III. O torneio   65

um vício de que não se quer fugir
nos faz, de nossa dor, a nossa amiga
e faz, do sofrimento, a própria calma.

(*trevas*)

SEGUNDO ATO

Quarto quadro:
O acampamento

(*Percussão e vozes ao longe lembram "Pedras por Pães", o baião que aparecera no primeiro quadro. Cena vazia, a não ser pela presença do rosto na televisão, que fala.*)

Televisão — A gente do morro da Alegria,
ora reunida em cantoria,
se instalou na praça e desafia
os poderes constitucionais.
Pede muito, pede muito mais
do que a ordem social, a paz
serão capazes de oferecer.
Onde vai dar, onde vai ter
essa gente sem-o-que-fazer?
Homens e mulheres, acampados
em frente a prédios engravatados,
fundaram na rua seu reinado.
Ouviremos também as polícias,
voltaremos com outras notícias.
(*com uma mesura*)
E, ao telespectador, delícias!

(*Luz se abre deixando ver os contornos do acampamento. Os Últimos ergueram barracas. Em cena, a Anônima, sozinha, prepara o café. Antes*

68 Últimos: Ato 2

de ela começar a falar, tema instrumental sublinha, por instantes, os seus movimentos diligentes. Enquanto conclui a tarefa, a moça recita falando de sua nova vida, agora incorporada à marcha dos Últimos. Os versos e a sua inflexão têm certo ar infantil, gaiato.)

Anônima — Em vez de michê, café,
em vez de bordel, tricô.
Não freguês, mas cafuné
no quengo, em vez de estar só.
Dez novelas de tevê,
jamais um papel de pó;
TVA e SBT
em vez de forrobodó.
Em vez de coió, Bial,
em vez de cotó, Van Dam,
Malan, Jornal Nacional,
normal quem era tantã.
Amásia do Catador,
quem sabe uma vez xodó?
Será que dessa vez vai?
Serei feliz com papai?
Um beijo quando ele chega,
um queijo quando ele sai.
Eu agora sou a nega
do Catador de jornais.
Não a de trezentos machos,
cheios de esperma e de pressa,
esvaziando seus bagos
sem mais, sem muita conversa.

Alguns vêm sujos, suados,
cansados, descabelados;
outros, de fato, bonitos,
mas fugidios, esquivos.
Alguns são pobres de espírito,
outros, pródigos, cristãos;
uns estréiam, virgens, tímidos,
quase sempre sem tostão.
Há os que vendem conselhos
e oferecem empregos,
costumam ser os mais velhos,
generosos, mas ingênuos.
É tarefa complicada,
essa que fui arrumar;
eu, que trabalho deitada,
sei quanto pode cansar.
Estou, portanto, de férias
das farras da profissão.
Às vezes morro de tédio...
Mas que remédio? (*com graça*) É tesão!

(*Aproxima-se o Anônimo, preterido no amor da Anônima, que ficou com o Catador. Ele ensaia a sua cantada.*)

Anônimo – Como vai a minha bichinha?
Deu de dar duro na cozinha?

Anônima (*seca*) – Vou bem, obrigada.
E estou ocupada.

70 Últimos: Ato 2

Anônimo (*faunesco*) – Eu acho que não é a vida
que merece a minha princesa.

Anônima – Ex-mulher da vida.
E já não sou sua.

Anônimo – Que maneira tão pouco inglesa
de receber um companheiro!

Anônima (*em voz baixa*) – Rua!
Me deixe em paz.
Se meu companheiro
de cama e de mesa
nos vê por aqui,
vai dar nos jornais.

Anônimo (*com ironia*) – "Crime passional movimenta
a marcha dos sem-teto!"

Anônima – Correto. Me deixe em paz.

Anônimo – Seu homem não morre mais.

(*O Catador, visto pelo Anônimo antes que o público o veja, se aproxima.*)

Catador (*já impaciente*) – Largue a menina, compadre!

Anônimo – Menina?

Catador – Menina, e minha mulher!

IV. O acampamento   71

Anônimo — Mulher é de quem pegar!

Catador — Não, não é. E, se é,
cheguei pra ficar. Sai fora.

Anônimo — É cedo pra ir embora.
Essa mulher já foi minha
e vim buscar o que é meu!

Catador — Agora quem manda sou eu!

(*Anônimo canta o roque "Não Toque Esta Mulher" em diálogo com o Catador.*)

Anônimo (*cantando*) — Não toque esta mulher, amigo
Catador — Eu toco se quiser
Anônimo — Não toque a que dormiu comigo
Catador — E hoje não te quer

Anônimo — Um ódio enorme agora invade
meu coração vazio
Catador — Então acordas a cidade
que dorme sob o frio

Anônimo — Trago uma arma
Catador — És um otário,
ser secundário
é o teu carma

72 Últimos: Ato 2

Os dois   — Está no ar:
cena de sangue, de bangue-bangue
no Brasil...
Cena de filme, cena de ciúme

Catador   — Meu caro, esta mulher me ama,
não sabe disfarçar
Anônimo   — Mas já rolou na minha cama
nas noites de luar

    (ainda o Anônimo) Um sentimento torpe encobre
meu coração perplexo
Catador   — O meu amor é bem mais nobre,
o teu é ódio e sexo

Anônimo   — Olha o revólver
Catador   — Cala essa boca
Anônimo   — Não me provoca
Catador   — Dá o teu show!

Os dois   — Está no ar:
cena de sangue, cena de suingue
no Brasil...
Cena de filme, cena difícil

(Terminada a música, Anônimo e Catador estão prontos a engalfinhar-se. Entram todos os personagens. Confusão. A Televisão — transformada em repórter, solta em campo, livre, portanto, da moldura do vídeo — dá a notícia.)

IV. O acampamento 73

Televisão (*microfone em punho*) – Bafafá, ziriguidum
na marcha dos sem-camisa!
Até o povo precisa
desopilar os seus bofes!
São pontapés no bumbum
dados por pobres nos pobres!

Ator (*intervindo*) – Amigo, por favor.
Não vê que existe dor
genuína em combate?

Televisão (*desconhece a advertência*) – É o Anônimo que bate
no tal de Catador!
As razões são de amor!
O amor da moça morena,
aqui, na tela pequena!
(*para a Anônima, com malícia*)
MDB ou Arena?

(*Ao mesmo tempo em que faz a pergunta, uma luz sensacionalista cai sobre a Anônima, que foge dos refletores.*)

Televisão (*aproxima-se do Anônimo*) – Meu amigo, uma entrevista:
conquistas ou não conquistas
a garota dos teus sonhos?

(*A Televisão é repelida com um gesto ríspido.*)

74 Últimos: Ato 2

Televisão (*aproxima-se do Catador*)
— Teremos, talvez, mais sorte...
(*para o público*)
Essa gentinha é de morte!
Os lances foram medonhos,
tremendos, terríveis, tétricos.
O senhor acha ser ético
que se brigue por ciúme?
Acha ser coisa normal
que, longe do Carnaval,
a vida pareça um filme?

(*A Televisão é novamente repelida. Alguns dos Últimos arrastam o repórter importuno, que sai aos poucos, à força, reclamando, sorriso grudado na cara, aos berros. Neste momento, o Ladrão aproveitará a balbúrdia para desaparecer. Ele pode sair, meio sorrateiro, pelo lado oposto àquele por onde a Televisão vai sair. A fuga não é notada pelos demais personagens — mas deve ser percebida pelos espectadores. O Ladrão reaparecerá mais tarde, como se vai ver.*)

Televisão — Mas afinal onde fica
a liberdade de imprensa?
Essa liberdade bíblica
de deformar episódios
conforme amores e ódios,
simpatias, desavenças
dos donos da opinião?
Liberdade de expressão!
Liberdade de expressão!

(Ainda a Televisão, que toma uns tapas.)

Televisão — Mas afinal onde fica
a liberdade de imprensa?
Essa liberdade cínica
de distorcer, de mentir,
caluniar, omitir, de
divulgar o que se pensa
interessar à nação
e o resto, o resto — não!
Liberdade de expressão!

(O repórter é posto para fora com um pontapé na bunda.)

Homem da Bicicleta *(dando o chute final no repórter)*
— Também acho, também acho...

(Esfregando as mãos, trabalho terminado, o repórter já fora de cena.)

Homem da Bicicleta — Capacho!

(O Homem da Bicicleta volta-se para os Últimos.)

Homem da Bicicleta — Meus amigos, a hora é grave!
É preciso ter cons-ci-ên-cia
política! Temos a chave
para resolver a pendência
de maneira mais racional.
Uma simples briga passional

76 Últimos: Ato 2

ameaça a marcha triunfal
dos pés-de-chinelo? É grave!

(*Pausa. Alguns dos Últimos se manifestam ou falam entre si, em relativa desordem.*)

Homem da Bicicleta — E se é assim, meus amigos,
eu proponho que os dois rapazes
que há pouco terçaram umbigos,
otários, bem pouco sagazes,
retardando a marcha dos Últimos
com esses pesares penúltimos,
abandonem pendengas inúteis
e — agora — façam as pazes!

(*Ouvem-se manifestações de apoio às palavras do Homem da Bicicleta. Os dois contendores se encaram, ainda zangados e comicamente relutantes. A caricatura limita-se aos dois rivais, sem se estender a todo o grupo.*)

Homem da Bicicleta (*didático*) — Fazer política requer
que se esqueça o coração.
Coisas de homem, mulher,
não, não, não, não, não, não, não!
Fazer política obriga a
ter um verdugo no peito,
além do rei na barriga.
Quem ama é insatisfeito,
pressuroso e inseguro,
falece em taquicardias,

IV. O acampamento 77

volta a ter medo do escuro,
sofre nas noites vazias;
não presta para a política,
que exige homens convictos,
de mentes firmes, invictas,
que atendam rápido aos gritos
das massas em confusão.
Para isso, os sentimentos
não servem, não têm função.

Senhora (*interferindo*) – Conclua os seus pensamentos.

Homem da Bicicleta – Concluirei, com prazer:
pra esse tipo de luta,
a luta pelo poder,
só serve o filho da puta!

(*O Homem da Bicicleta é aplaudido calorosamente. Menos pela Senhora.*)

Senhora (*tomando a palavra*) – Se fazer política é
tomar de assalto, vencer,
e se é preciso ter fé
para chegar ao poder,
devemos solucionar
a questão que nos reúne
agora e neste lugar:
o regime que nos pune,
que faz de nós os penúltimos,
não quer o acampamento.

78 Últimos: Ato 2

Gente da marcha dos Últimos,
temo que neste momento
tenhamos que decidir
a sorte desta coluna:
recuar ou resistir?

Homem da Bicicleta — Recuar, coisa nenhuma!

Senhora — Mas eles têm muitas armas
e não são de brincadeira.
Nós só temos nossa raiva.

Homem da Bicicleta (*dirigindo-se a todos, num gesto amplo; as palavras podem ser ditas em tom deliberadamente demagógico*)
— Amigos, pela primeira
vez na história deste povo,
um bando de pés-rapados,
homens de espírito novo,
deboja dos deputados,
faz pouco dos poderosos
e fica por isso mesmo.
Nós temos os nossos ossos,
nossos braços, nossos beiços,
não os lábios do grã-fino,
mãos finas de não-me-toques,
não, as nossas têm destino,
foram feitas para os choques
com a matéria da vida,
a pedra, o alumínio na copa,

IV. O acampamento 79

a falta de grana bandida
de quem não troca de roupa,
come mal e morre cedo
pra que outros, perfumados,
cheirosos, cheios de dedos,
sequer se sintam culpados
com a fome que os rodeia:
"A fome não é comigo,
não sou governo, que idéia!"
Oferecemos perigo
às cidadelas burguesas,
e eles vão negociar.
As cartas estão na mesa.
Homens, nós vamos ficar!

(*Nova aclamação, novas palavras de apoio.*)

Senhora — Eu não quero ser cassandra,
a que prediz a desgraça,
preferia ser malandra
votando ao lado da massa
que, pelo jeito, escolheu
a tese de resistir.
Agora quem fala sou eu:
nós podemos nos ferir;
esses homens aprenderam que
pobre se trata com bala.
Pobre se trata, disseram,
no tiro, e se atira na vala

80 Últimos: Ato 2

o corpo dos mais teimosos.
Há exemplos tão cruéis,
recentes e numerosos!
Conhecemos bem as leis.
Vocês acham que na hora
teremos a nosso lado
a turma que está de fora?
Ficará inexplicado
o crime que cometerem,
se atirarem, ó, babau,
adeus, e todos esquecem
nossa marcha triunfal...
Vamos tentar conversar
com os homens, com os tais
que pretendem governar.
Resistir, sim, mas que mais?
Proponho, solenemente,
que nosso amigo, o Ator,
por mais velho e mais prudente,
seja nosso embaixador.

(*Ela olha em torno, fitando os companheiros, com os olhos e o gesto de quem vende insistentemente a idéia.*)

Senhora — Depois de dizê-lo, recolho
os meus protestos. Aceito.
Vamos ficar — com os olhos
em Deus e as mãos sobre o peito.

Homem da Bicicleta (*que, diante do silêncio geral, fala por todos*)
    — Por favor, senhor Ator,
    ora nosso embaixador,
    sabes o caso de cor.
    Mãos à obra, embaixador!

(*Ator faz o gesto meio cômico de quem diz: "Quem, eu?".*)

Homem da Bicicleta — O que é que estás esperando?
    Vamos imediatamente
    falar com Fernando Fernando,
    o tal do Fernando Fernando,
    o prefeito da cidade,
    o gerente.

Uma voz   — Fernando Fernando?

Homem da Bicicleta — Exatamente. Exatamente.

(*Melodia do jás "O Jogo", que aparecera no final do segundo quadro, põe o Ator em movimento. Ele sai de cena, os outros o acompanham. Ficam somente o Catador e a Anônima, que namoram. A melodia então se faz sentimental; pode ser ainda o tema de "O Jogo", agora tocado com suavidade. Luz cai sobre eles, que se acariciam sem pressa. Nova mudança de luz para o próximo quadro.*)

Quinto quadro:
A audiência

(*A cena mostra o prefeito Fernando Fernando em seu gabinete de trabalho, cercado de papéis: contas, gráficos, faxes. Tem, talvez, dois ou três fios de telefone enrolados no pescoço; um celular toca freneticamente. Na sala existe uma faixa, quadro ou placa onde se lê:* Fernando Fernando Forever. *Fala para o espelho, real ou imaginário, na atitude de quem ensaia um discurso.*)

Fernando Fernando (*oficial, enfático*) – Chegou a hora de entender os índices,
  de sanar as dúvidas,
  de cobrar os dízimos
  dos operários e dos lavradores:
  nós adoramos os trabalhadores,
  e aderimos aos trabalhadores,
  e elegeremos os trabalhadores.
  Mas é a hora de fazer os cálculos,
  de exibir os gráficos,
  de ajeitar os óculos
  e ver que as coisas podem ser piores
  se não pagarem os trabalhadores,
  se não pararem os trabalhadores,
  se trabalharem os trabalhadores.
  Chegou a hora de abortar os órfãos,

de punir os réprobos
e de sermos práticos,
pois afinal devemos aos credores.
Portanto, paguem os trabalhadores, .
e não reclamem os trabalhadores,
e que se danem os trabalhadores!

(*Palmas típicas de claque eletrônica respondem à fala.*)

Fernando Fernando (*prossegue, depois de um leve movimento de cabeça com que agradece as palmas – sempre, no entanto, com jeito de quem está apenas ensaiando um discurso. Retomando o fôlego*)
    – Chegou a hora de queimar as pálpebras
sob a luz das lâmpadas
e escrever nas páginas
de nossa história as cenas de comédia:
as sobras faltem para a classe média,
as obras parem para a classe média,
as contas dobrem sobre a classe média.
Sem esquecer o nosso esforço crítico,
nosso esforço épico
e talvez profético
em dar apoio às pobres financeiras,
aos nobres bancos e às bandalheiras
da grande grana, grossas bandalheiras
alheias às leis, fronteiras, bandeiras.
(*Eleva a voz um pouco mais.*)
    Chegou a hora de aplaudir os Últimos,
os mais-que-pobres, miserabilíssimos,

84 Últimos: Ato 2

> que, mais que os outros, saberão, magníficos,
> compreender, em todos os janeiros,
> que meu governo ama os brasileiros;
> e se o governo limpa os brasileiros,
> tunga os brasileiros,
> suga os brasileiros,
> trai os brasileiros,
> ai dos brasileiros!...
> É por amor – amor – aos brasileiros.

(*Pausa. O prefeito abandona o seu tom ponderado, embora meio enfático, de quem faz um discurso e se torna frenético, apoplético.*)

Fernando Fernando (*num último impulso*) – Reeleição já! Reeleição já!

(*Ouve-se ainda a frase, dita pelo prefeito ou, quem sabe, gritada da platéia por um espectador exaltado, simpático a Fernando Fernando: "Lula é polvo! Lula é polvo!". A claque aplaude longamente. A imagem do prefeito vai sumindo em meio às palmas. Pode-se fazer com que ele vá se distanciando num praticável sobre rodas, que até então lhe servira como púlpito, tribuna, e que, agora, se move – com surpresa cômica para o público.*)

Homem da Bicicleta (*do lado de fora da cena de Fernando Fernando; como quem assiste a um filme, o Homem comenta, meio sombrio*)
      – Também acho, também acho... Palhaço.

(*Ao lado do Homem da Bicicleta, estão o Ator e a Senhora, a comissão da marcha que veio até o Palácio para falar com Fernando Fernando.*)

v. A audiência

Senhora   — Ele vai nos receber?

Ator   — Não. Mas vai nos visitar.
Não é tolo, soube ver
a importância popular
da marcha dos sem-camisa.
Ele entendeu que precisa
ir à praça discursar,
prometer, dar esperanças
à dúzia de zebedeus,
à gente que não se cansa,
aglomerada nos seus
jardins presidenciais.
Três assessores boçais,
seguranças, ele e eu
dividíamos a sala
onde se deu a conversa.
Primeiro, eu ouvi a fala:
"Não dá pra voltar na terça?"
"Prefeito Fernando Fernando",
eu disse e fui avisando:
"vamos ter uma conversa
sincera, homem a homem,
com sentimentos honestos;
vamos dar aos bois o nome,
vamos ler um manifesto
e queremos discutir:
não pretendemos fugir.
Muita gente ali não come

86 Últimos: Ato 2

desde antes de anteontem.
Mas não arredamos pé,
nem queremos que nos contem
cascatas; a boa-fé
do povo tem um limite.
Eu lhe renovo o convite:
vamos conversar. Até."

(Mudança de luz. Nova cena. Estamos na praça onde a marcha armou seu acampamento. A praça está, agora, arrumada como que para uma quermesse, uma festa eleitoral. Cartazes oficiais aludem à visita do prefeito Fernando Fernando ao lugar. Palanque armado. Espera-se a chegada, a qualquer momento, do prefeito. Ele finalmente aparece. Sua entrada é anunciada, em contraponto irônico, pela canção cantada pelo Catador, o fanque "Barão das Esmolas". Fernando Fernando, mesmo em traje de gala, com uma faixa de clube de futebol lhe percorrendo o peito – como uma daquelas faixas com as cores da bandeira e brasões republicanos, usadas pelas eminências –, dança ao som do fanque, com meneios cômicos. O clima é simultaneamente sombrio e bufo.)

Catador *(cantando)* – Morando na rua,
eu deito meu corpo no chão
Coberto de lua,
nas pedras armando o colchão

Na grama da praça,
debaixo da ponte o solar
Morando de graça,
o lixo fornece o jantar

v. A audiência   87

Morando na rua,
fazendo pilhéria
do povo que passa,
da gente que vai
Vivendo na praça
a vida mais crua,
sabendo a miséria
do homem que cai,
que cai

Meus olhos são velhos,
antigo é o meu paletó
Os olhos vermelhos,
os panos manchados de pó

Carrego doenças,
as mesmas que tem o meu cão
Liberto das crenças
e das esperanças em vão

Morando na rua,
barão das esmolas,
fazendo chalaça
dos povos normais
Vivendo na raça
a vida mais nua,
na sola das botas
derrotas demais,
demais

88 Últimos: Ato 2

Apenas humano,
achei de nascer no Brasil
Azar ou engano,
eu sou um qualquer e sou mil

Nascido sem culpa
do ventre de uma mulher
Não peço desculpa
e seja o que Deus não quiser

(*Terminada a canção, todos os olhares se voltam para Fernando Fernando. Ele procura manter o sorriso e a pose altiva. A Televisão reapareceu e, no decorrer da cena, vai andar de um lado para outro tomando notas, nervosa.*)

Ator   — Aí está, senhor prefeito,
condensado em forma de canto
o que entendemos ser direito
de todos os que estamos fartos
de sofrer, e sofremos tanto.
Temos um problema concreto,
necessitamos ter um teto,
e em nome da marcha decreto:
nós vamos ficar, por enquanto,
até que se solucione
a questão da sala e do quarto
melhor do que a de metro e rima,
a questão do teto, da fome
que nos anima a invadir
a praça. Podem se esgotar
as nossas forças, e cair

v. A audiência   89

o céu sobre as nossas cabeças:
mas decidimos ficar.

Uma voz (*calmamente*) – A rebelião dos manés,
fodidos, em bom português,
um dia terá que estourar.
(*Faz o gesto de apresentar a cena que se segue.*)
Com vocês...

Homem da Bicicleta (*em cima da deixa, incisivo*)
— Pode até estourar agora,
prefeito!

Fernando Fernando (*tentando recuperar o bom humor e o domínio da situação*)
— Mas o que é isso?

Catador — É a revolta popular,
perfeito! A qualquer hora...

Fernando Fernando — Vamos firmar um compromisso...

Anônima (*acintosa*) — E o meu direito de trepar,
otário?

Senhora — Gente, vamos nos acalmar!

Anônimo (*cínico*) — Quantas vezes eu apanhei
da polícia!

Fernando Fernando — Virou revolucionário...

90   Últimos: Ato 2

Ator   — Não tem sido vida de rei,
a minha...

Anônimo (*gritando*) — Nasci na pia da cozinha.
Mas pelo menos me vinguei:
hoje, eu aqui sou o rei
da farinha!

Fernando Fernando — Nós vamos buscar um acordo...

Homem da Bicicleta (*incrédulo, dirigindo-se ao público*)
— É um pesadelo, concordo.
Prefeito Fernando Fernando
acabará negociando?
(*seco*)
Talvez ele chame a polícia.

(*O cerco das reivindicações se fecha sobre o prefeito. Os Últimos caminham na direção de Fernando Fernando com gestos e palavras de ordem. O prefeito faz um sinal a que respondem três homens, policiais em atitude vigilante e ameaçadora. É como se tirasse a máscara do conciliador. Os Policiais se aproximam. Entre os samangos, vejam vocês, está o Ladrão, que desaparecera em meio à confusão no quadro anterior e que, no intervalo, aderiu ao lado da ordem. Luz específica ressalta, por um instante, o rosto do Ladrão — aliás, ex-ladrão, agora funcionário público. Quando a luz incide sobre a cara do personagem, ele faz, para a platéia, um gesto meio cínico e meio cômico, que significa: "Fazer o quê? Tenho que sobreviver!". Tudo isso se passa com a devida agilidade. As atenções retornam a Fernando Fernando. O prefeito levanta a voz.*)

v. A audiência   91

Fernando Fernando (*com a dignidade possível*)
    — Senhores, nossos compromissos
    com a velha democracia
    não são de ontem, de outro dia.
    Assim, não seremos omissos
    diante das vis ameaças
    lançadas bem nas nossas barbas.
    A baderna tem de acabar!
    Rogam pragas, pestes, desgraças
    ao país — e a meu governo.
    As pedras, paus e coquetéis,
    que três ou quatro, cinco ou seis
    homens provindos do inferno
    querem atirar contra as metas
    da democracia, da ordem,
    não nos calam e não nos mordem:
    usaremos as baionetas!
    A desordem tem de acabar,
    vamos sufocar a baderna!
    Sim, a economia moderna
    exige a força militar!

(*Começa aqui o confronto, tratado de maneira estilizada, entre as forças da ordem e os Últimos. As barracas improvisadas pelo movimento são postas abaixo, coreograficamente, por golpes dados pelos três Policiais que, pouco antes, haviam atendido ao chamado de Fernando Fernando. A música é tensa; a luz colabora com o efeito de luta que se pretende transmitir. O próprio ex-Ladrão, agora, nada tem de cômico: seus golpes são duros, exatos. Vale repetir: coreográficos. A cena não é realista, mas sugestiva; poderá ser feita usando-se uma tela onde serão projetadas sombras enormes, figurando poeticamente o confronto entre as forças da ordem e as da marcha. A imagem da bicicleta reaparece aqui. A cena não deverá ser longa e, conduzida a um clímax, culminará com um tiro – ruído nada caricato, mas brutal, apresentado mediante gravação de um tiro de revólver real ou por efeito de percussão. Treva ou penumbra torna difícil distinguir o resultado do disparo que se ouviu. Quando as trevas e a confusão de corpos se dissolvem, a Anônima está imóvel, sentimentos contidos, diante do corpo do Catador – estendido no chão. Ouvem-se os acordes da balada "Deus dos Encontros".)*

Anônima (*cantando branda mas firmemente, como quem conta uma história*)
   – Deus dos encontros,
   dos contos de amor,
   Deus que não sabe o que faz
   Certa vez quis talvez gostar
   e depois de me dar demais,
   de cor

   Só desencontros
   dos tontos de amor
   mas Deus não vem nos valer
   Outra vez fui me alvoroçar,
   eu, que só consegui sofrer
   melhor

   Deus que separa
   e reúne os casais,
   pai do que a gente não diz

v. A audiência   93

Pela última vez gostar,
eu, que nunca serei feliz
demais

(*A luz sobre a Anônima cai aos poucos. Os refletores mostram agora o Homem da Bicicleta.*)

Homem da Bicicleta (*narrando; boa voz, tom objetivo*)

— "Três pessoas morreram a tiros num confronto entre 150 soldados do 21º Batalhão da Polícia Militar, que agiam sob ordem judicial, e um grupo de sem-teto, na avenida Sapopemba, zona leste da cidade de São Paulo. As mortes ocorreram durante a tentativa de desocupação dos seis prédios do Conjunto Habitacional da Fazenda da Juta, ilegalmente invadido no dia 3. O conflito durou cerca de quinze minutos. As vítimas fatais são o mecânico Crispim José da Silva, 25 anos, atingido com um tiro na nuca; o eletricista Jurandir da Silva, de 29 anos, baleado no peito, e o pedreiro Juraci Reis de Morais, de 42 anos, ferido no rosto. Dezenove policiais foram feridos.

O conflito estourou pouco depois das sete horas, no momento em que as tropas tentaram prender um dos líderes dos sem-teto, Nelson Daniel da Silva. Enquanto o rapaz era arrastado pelos policiais para o meio da cavalaria, os invasores buscavam resgatá-lo.

Há duas versões sobre o início da pancadaria e do tiroteio: a polícia e a oficial de justiça Alice Jerônimo, que cumpriam a decisão judicial, dizem que foram recebidas a pauladas e pedradas e chegaram a ouvir rajadas de metralhadora. Os

94 Últimos: Ato 2

invasores, ao contrário, afirmam que os policiais chegaram atirando e que eles reagiram usando pedras e paus.

O governador de São Paulo determinou rigor nas apurações."

(*O Homem da Bicicleta continua sob o foco de luz. Outro foco faz aparecer, perto dele, a Senhora.*)

Senhora (*prossegue narrando; mesmo jogo*)
— "Ao acordar de manhã, o eletricista Jurandir da Silva, 29 anos, pretendia deixar o apartamento onde vivia com a mulher e quatro filhos pequenos, mas a kombi que levaria suas coisas não chegou ao prédio por causa do cerco da PM no local. Pouco depois das sete horas, Jurandir estava morto com um tiro no coração.

Os quatro filhos do casal já estavam alojados desde segunda-feira em casa de parentes. Sua mulher, Maria Cristina Silva, 36 anos, pensava na melhor forma de se vingar: 'O governador que se dane. Só saio daqui se me matarem. Será até melhor, ficarei junto do meu marido', esbravejava. 'Estávamos até com as trouxas prontas. A gente não queria briga.' Segundo a mulher de Jurandir, os sem-teto jogaram pedras para fazer a polícia recuar: 'Eles tinham armas. Nós, pedaços de pau. É a lei do mais forte. Agora, tenho quatro filhos, e sem marido.'"
(*em tom seco, informativo*) Do noticiário dos jornais. Quarta-feira, 21 de maio de 1997.

Ator (*com serenidade; ao público*) — Amigos: o campeonato
de dor começa agora.
O torneio de fato,
não de teatro — lá fora.

v. A audiência 95

(*A luz se abre aos poucos deixando ver os demais atores que, já desligados de seus personagens, irão cantar o samba-tema; o samba começa ao som da caixa de fósforos, ou algum outro recurso de ritmo, e do violão. Novos instrumentos reúnem-se ao violão e ao batuque, em efeito de crescendo semelhante ao que já se ouviu. Ao centro, os atores que interpretaram a Senhora e o Homem da Bicicleta; este canta, em solo, a primeira estrofe do samba. Os demais se incorporam à música um a um ou dois a dois, permutando-se no centro do palco até que todos cantem, de volta à letra apresentada no primeiro quadro. O tom geral deve ser, no entanto, ameno. O espetáculo pode terminar com todas as luzes do teatro acesas, no palco e na platéia: quando se dizem os últimos versos, os derradeiros refletores se abrem sobre o público.*)

CANÇÕES

PEDRAS POR PÃES

[baião]

Fernando Marques

100 Últimos

Canções 101

ÚLTIMOS

[samba]

Fernando Marques

104 Últimos

106 **Últimos**

cos - tas, mi - nhas cos - tas, mas que - ro ser o ho - mem que não so - fre que não mor - re nem cho - - - ra Vou di

ANÔNIMA

[regue]
Fernando Marques

108 Últimos

110 **Últimos**

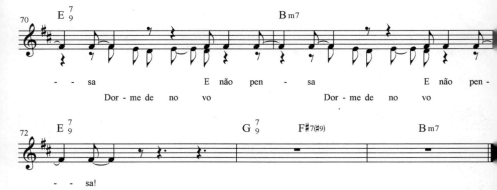

O JOGO
[jás]
Fernando Marques

112 Últimos

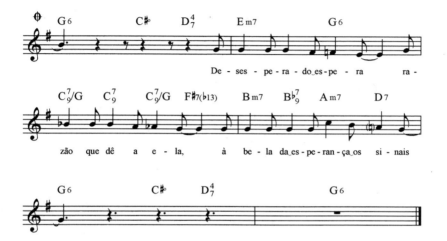

TEMA DO TORNEIO

[baião-fanque]
Fernando Marques

Canções 115

116 Últimos

Canções 117

ROTINAS

[bolero]

Fernando Marques

120 Últimos

NÃO TOQUE ESTA MULHER

[roque]
Fernando Marques

124 Últimos

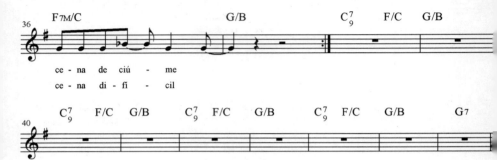

BARÃO DAS ESMOLAS

[fanque]
Fernando Marques

126 Últimos

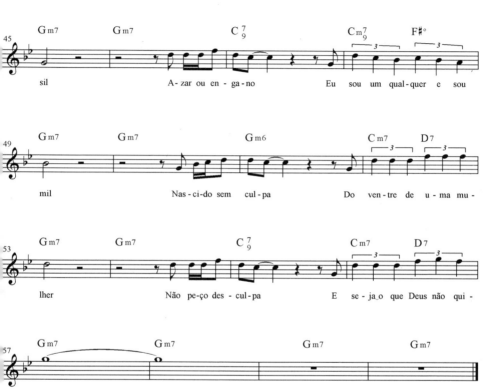

DEUS DOS ENCONTROS
[balada]
Fernando Marques

Canções 129

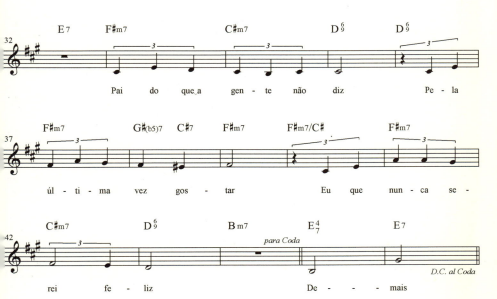

FINALE
[samba]
Fernando Marques

ANEXOS

A PALAVRA NO PALCO
Por que usar o verso em cena[1]

> Houve até quem se escandalizasse: "Como, dizia o Sr. duque de...,
> Molière enlouqueceu e nos toma por idiotas, fazendo-nos agüentar
> cinco atos em prosa? Onde já se viu tamanha extravagância? De que
> maneira pode alguém divertir-se com prosa?"
>
> ROBERT JOUANNY
> em nota sobre *O Avaro*, de Molière.

Em teatro, o verso já foi regra, enquanto a prosa era exceção, como as palavras citadas acima evidenciam. Pensando sobre a forma e o sentido da palavra no palco, elaboramos as considerações que se seguem — redigidas em estilo objetivo que uma leitora de nossa estima considerou "antipático" e "chatíssimo". Paciência, continuamos a estimá-la. Que os leitores do *Folhetim* nos sejam mais benevolentes. Vamos lá.

Pode-se considerar a existência de diversos graus, relativos ao rigor ou à regularidade rítmica, para a palavra falada ou cantada em cena. Do ritmo mais frouxo da palavra em prosa, passaríamos para o grau menos solto da palavra em verso livre e sem rimas. Logo depois, viria o verso medido, ainda branco. Subindo outro degrau nessa escala, encontraríamos o verso medido e rimado. Por último, o verso que, metrificado e rimado, fosse cantado, adicionando-se, portanto, dos rigores métricos

---

1. Artigo originalmente publicado na revista *Folhetim*, n.16, jan.-abr. 2003.

134 Últimos: Anexos

que costumam identificar a música ou, pelo menos, a música vocal, tomada aqui sob a ótica da tradição que envolve o canto.

Segundo diz Mário de Andrade no *Ensaio sobre a Música Brasileira*, a música marca-se por qualidades imediatamente dinamogênicas, caracterizadas em oposição, ao menos parcial, às qualidades especificamente intelectuais, ligadas à palavra quando em estado não-musical. Essas propriedades dinamogênicas traduzem-se pela virtude de estimular nossos ritmos orgânicos, comunicando-se com eles de modo direto. Só depois de decodificada por esses centros orgânicos, a música chegaria ao intelecto, onde então, de acordo com Mário, batizaríamos certa melodia ou certo ritmo de alegre, triste, forte, suave etc.[2]

Quando usamos, em teatro, o verso medido e rimado, próximo da música, para não falar no próprio verso cantado – entendendo aqui, para simples efeito de raciocínio, que este implique métrica e rima –, estamos aptos, em tese, a produzir no ouvinte aquele efeito que Mário de Andrade identificava à música, especialmente à popular. Esse efeito deverá mobilizar o inconsciente do espectador.

Mobilizando o espectador em seu inconsciente, em sua estrutura ou em seus hábitos físicos, fisiológicos, logramos tocar os esquemas do raciocínio inconsciente – supondo vínculos entre o físico e o imaginá-

---

2. Mário de Andrade afirma, em sua grafia particular (mantida aqui):
"Inda estará certo a gente chamar uma música de molenga, violenta, comoda porquê certas dinamogenias fisiologicas amolecem o organismo, regularisam o movimento dele ou o impulsionam. Estas dinamogenias nos levam pra estados psicologicos equiparaveis a outros que já tivemos na vida. Isto nos permite chamar um trecho musical de tristonho, gracioso, elegante, apaixonado etc. etc. Já com muito de metafora e bastante de convenção. Só até aí chegam as verificações de ordem fisiopsiquica.
Mas a música possui um poder dinamogenico muito intenso e, por causa dele, fortifica e acentua estados-de-alma *sabidos de antemão*. E como as dinamogenias dela não têm significado intelectual, são misteriosas, o poder sugestivo da música é formidavel."
Mário de Andrade. *Ensaio Sobre a Música Brasileira*, 3. edição, São Paulo: Martins, Brasília: INL, 1972, p. 41.

A Palavra no Palco   135

rio –, se podemos falar aqui em *raciocínio*: trata-se dos esquemas catalogados por Sigmund Freud, relativos, por exemplo, à produção dos sonhos; o pensamento por associação de idéias, por imagens, apoiado nos processos da condensação e do deslocamento, isto é, os processos metafóricos e metonímicos que, não por acaso, se vêem tradicionalmente associados aos esquemas do pensamento poético, da estruturação artística[3].

Este, enfim, seria o motivo ou a vantagem de se usar o verso em cena: a possibilidade de bulir com o espectador, de provocá-lo; de, caso prefira a leitora de nossa estima, figuradamente boliná-lo, alcançando regiões de sua sensibilidade normalmente intocadas.

Devemos reconhecer, é claro – para pensar em direção oposta à buscada até agora –, que há experiências de verso branco e livre em que o poeta utilizou fartamente a metáfora, o esquema de composição que, semelhante ao do sonho, faz sonhar, levando o leitor a paragens distantes das cotidianas. Um exemplo entre muitos: "Procura da Poesia", de Carlos Drummond de Andrade. Nada de metro nem de rima; no entanto, o poema está carregado de metáforas – belíssimas, por sinal, o que sequer

---

3 Em *Os Chistes e Sua Relação com o Inconsciente*, livro de 1905, Sigmund Freud resume, no capítulo intitulado "A Relação dos Chistes com os Sonhos e com o Inconsciente", os argumentos expostos em *A Interpretação dos Sonhos*, obra de 1900, decisiva para o estabelecimento da Psicanálise. Freud recorda que, entre os processos constitutivos da elaboração onírica, se encontram os mecanismos da condensação e do deslocamento. Pela condensação, as imagens relativas a coisas ou a pessoas fundem-se numa só imagem ou são representadas por uma qualidade comum a elas; pelo deslocamento, idéias secundárias podem tomar o lugar de idéias centrais, a parte pode representar o todo etc. As figuras de linguagem da metáfora e da metonímia, como se sabe, atuam segundo relações de semelhança, no caso da metáfora, ou segundo relações de contigüidade, no caso da metonímia. Cabe enxergar a metáfora e a metonímia em analogia com a condensação e o deslocamento de que Freud nos fala (como notou o lingüista Roman Jakobson).
Sigmund Freud. A Relação dos Chistes com os Sonhos e com o Inconsciente. *Os Chistes e Sua Relação com o Inconsciente*, Rio de Janeiro: Imago, 1977, p. 183-205.

136 Últimos: Anexos

viria ao caso agora –, nada incompatíveis com o esquema aparentemente livre das estrofes e dos versos.

Ocorre que se trata, nesse exemplo, de um poema do tipo lírico, um poema que pertence à grande família lírica. Já no caso do teatro – arte geralmente marcada pelo diálogo –, toda vez que há diálogo, o quadro social se apresenta ou, no mínimo, se insinua. Esse quadro, seja ele qual for, caracterizar-se-á por uma lógica mais ou menos pedestre, mais ou menos ligada à vida rotineira, mesmo no mais alto dos dramas: referimo-nos à necessidade, presente a qualquer conversa, de os interlocutores se manterem no plano do *inteligível*.

Porém, quando se usa, para o diálogo teatral, o verso e, mais ainda, o verso medido e rimado, aquele elemento dinamogênico, próprio da música, tende a afirmar-se. Com ele, uma lógica menos rígida, pertinente à metáfora e a todo o arsenal imagético da poesia lírica, invade, domina ou pode dominar a cena. Libertando o texto da lógica estrita, o poeta disposto a escrever para o palco utilizando-se da música verbal – música potencial ou música propriamente dita – fará com que a palavra em cena abarque um campo semântico mais amplo do que a prosa poderia abranger[4]. O que se alcançaria de modo natural, como que empático, sem se forçar a tecla. *Haveria, portanto, segundo supomos, uma relação estreita, certa fraternidade entre o estímulo rítmico e o pensamento por imagens.*

Atingiríamos, assim, um clima de cena no qual o aparentemente arbitrário de fazer as personagens falarem em verso se faria compensar,

---

4. O realismo necessário aos temas sociais pode bem ser temperado pelo recurso à poesia e à música, tendo assim amplificado o seu poder de iluminar a realidade. Podemos recordar Bertolt Brecht a esse respeito. Na mesma linha, lembre-se ainda o teatro musical de índole política feito no Brasil entre 1964 e 1983: peças como *Se Correr o Bicho Pega, Se Ficar o Bicho Come* (1966), de Vianinha e Ferreira Gullar, *Gota D´Água* (1975), de Chico Buarque e Paulo Pontes, ou *Vargas*, de Dias Gomes e Gullar.

A Palavra no Palco 137

caso se usassem os versos com habilidade (virtude que não vamos tentar definir agora), por uma atmosfera em que a sondagem interior, a par das relações exteriores, viria à tona com *naturalidade*. A verossimilhança retornaria ao palco pelos próprios caminhos do arbitrário ou inverossímil[5].

Os gregos, ai de nós, já o sabiam. Vale repeti-lo, porém, numa fase em que os versos em cena são raros ou inexistentes.

Esta é antes uma hipótese que uma teoria. Reconhecemos que é, de saída, vulnerável a uma série ponderável de objeções – lembre-se, por exemplo, a música verbal de Nelson Rodrigues, que não deve nada a esquemas de metro e rima, embora carregada de qualidades rítmicas e imagéticas. Uma réplica possível a ressalvas desse tipo consistiria em admitir que a imaginação metafórica e a sensibilidade ao ritmo (medido, regular) guardam afinidades, mas uma, de fato, não implica necessariamente a outra; uma não é condição para que a outra se exerça. Não

---

5. Em entrevista que nos concedeu, publicada postumamente, o crítico e historiador Décio de Almeida Prado ponderou, falando sobre a tradição do teatro musical: "Para certos temas, os autores ficavam mais livres no teatro musicado do que no teatro de prosa. Porque o teatro de prosa tinha um cunho muito realista, muito naturalista, não podia haver uma certa liberdade. Ao escrever um musical, ao contrário, a pessoa podia dar muito mais vazão à fantasia. Quando entra a música, o teatro se torna mais teatral; quando o teatro quer, ao contrário, reproduzir a realidade tal e qual a realidade cotidiana, a música não aparece. A não ser por meio de uma festa, como aparece, por exemplo, em Martins Pena: há uma festa no Rio de Janeiro, uma festa real, e ele introduz essa festa no fim da peça. Seria o efeito realista da música. Mas na opereta não é isso o que se dá, na opereta há o coro que canta durante todo o tempo, enquanto o coro não existe na realidade. O personagem do Brasileiro, por exemplo, em *A Vida Parisiense*, de Offenbach, fala inclusive quem ele é: "Eu venho do Rio de Janeiro, trago dinheiro...". Isso significa que o personagem pode se abrir diretamente ao público, enquanto no teatro naturalista a revelação é sempre indireta, por meio de comentários de terceiros, dentro do enredo. No teatro musicado, a comunicação é feita diretamente com o público. Essa comunicação direta com o público pode-se fazer de novo, hoje em dia, perfeitamente".
Fernando Marques. A Última Aula do Mestre do Teatro Brasileiro. *Jornal da Tarde*, São Paulo, 12 de fevereiro de 2000, Caderno de Sábado.

138 Últimos: Anexos

importa: elas se atraem, também de fato, por essas afinidades – sutis, mas objetivas.

A hipótese, de todo modo, deve ter os seus limites testados na prática. Voltamos a pensar em nossa crudelíssima leitora.

CD ÚLTIMOS
Fernando Marques
e convidados

Canções da
comédia musical

1. **Pedras por Pães** [*com Fernando Marques*]

2. **Últimos** [*com Eduardo Rangel e Fernando Marques*]

3. **Anônima** [*com Celia Rabelo*]

4. **O Jogo** [*com Fernando Marques*]

5. **Tema do Torneio** [*com Fernando Marques*]

6. **Rotinas** [*com Wilzy Carioca*]

7. **Não Toque Esta Mulher** [*com Eduardo Rangel e Fernando Marques*]

8. **Barão das Esmolas** [*com Eduardo Rangel*]

9. **Deus dos Encontros** [*com Celia Rabelo*]

10. **Finale** [*com Fernando Marques*]

Músicas e letras **Fernando Marques**
Arranjos e direção musical **José Cabrera**

Com os cantores
Celia Rabelo
Eduardo Rangel
Wilzy Carioca
Fernando Marques

E os instrumentistas
José Cabrera (piano e teclados)
Jaime Ernest Dias (violão)
Oswaldo Amorim (baixos acústico e elétrico)
Rafael dos Santos (percussão)
Amaro Vaz (bateria)
Alberto Sales (guitarras em "Anônima"
violão de aço e guitarras em "Não Toque Esta Mulher")
Moisés Alves (trompete em "O Jogo" e em "Tema do Torneio")
e **Lucimary do Valle** (violoncelo em "Deus dos Encontros")

Gravação, mixagem e masterização:
Studio 57 (Brasília, DF)
Oceano Studio (Sobradinho, DF)
de agosto de 2007 a fevereiro de 2008

Gravação:
George Durand
Mixagem e masterização:
Thiago Gomes
Produção:
José Cabrera e Fernando Marques

Últimos

1. Pedras por Pães
Fernando Marques: voz
José Cabrera: piano e teclados
Jaime Ernest Dias: violão
Oswaldo Amorim: baixo acústico
Rafael dos Santos: percussão

2. Últimos
Eduardo Rangel: voz
Fernando Marques: voz
José Cabrera: piano e teclados
Jaime Ernest Dias: violão
Oswaldo Amorim: baixo acústico
Amaro Vaz: bateria
Rafael dos Santos: percussão

3. Anônima
Celia Rabelo: voz
José Cabrera: piano elétrico e teclados
Oswaldo Amorim: baixo acústico
Amaro Vaz: bateria
Rafael dos Santos: percussão
Alberto Sales: guitarras

4. O Jogo

Fernando Marques: voz
José Cabrera: piano
Oswaldo Amorim: baixo acústico
Amaro Vaz: bateria
Moisés Alves: trompete

5. Tema do Torneio

Fernando Marques: voz
José Cabrera: piano e teclados
Oswaldo Amorim: baixo acústico
Rafael dos Santos: percussão
Moisés Alves: trompete

6. Rotinas

Wilzy Carioca: voz
José Cabrera: piano
Jaime Ernest Dias: violão
Oswaldo Amorim: baixo acústico
Amaro Vaz: bateria
Rafael dos Santos: percussão

7. Não Toque Esta Mulher

Eduardo Rangel: voz
Fernando Marques: voz
José Cabrera: piano e teclados
Oswaldo Amorim: baixo elétrico
Amaro Vaz: bateria
Alberto Sales: violão de aço e guitarras

8. Barão das Esmolas
Eduardo Rangel: voz
José Cabrera: piano e teclados
Jaime Ernest Dias: violão
Oswaldo Amorim: baixo acústico
Amaro Vaz: bateria

9. Deus dos Encontros
Celia Rabelo: voz
José Cabrera: piano
Jaime Ernest Dias: violão
Oswaldo Amorim: baixo acústico
Amaro Vaz: bateria
Lucimary do Valle: violoncelo

10. Finale
Fernando Marques: voz
José Cabrera: piano
Jaime Ernest Dias: violão
Oswaldo Amorim: baixo acústico
Rafael dos Santos: percussão

Impresso em São Paulo, na oficinas da Gráfica Palas Athena,
para a Editora Perspectiva S.A.,
em maio de 2008.